U0559011

中国传统文化经典导读

主　编　聂小雪

副主编　赵　肖　李冬梅

耿俊梅　成　浩

AN INTRODUCTION TO

CLASSICS OF

TRADITIONAL CHINESE CULTURE

ZHEJIANG UNIVERSITY PRESS

浙江大学出版社

·杭州·

图书在版编目（CIP）数据

中国传统文化经典导读 / 聂小雪主编. — 杭州：
浙江大学出版社，2024.1（2024.7重印）
ISBN 978-7-308-24475-6

Ⅰ.①中… Ⅱ.①聂… Ⅲ.①中华文化 Ⅳ.
①K203

中国国家版本馆CIP数据核字(2023)第240177号

中国传统文化经典导读

ZHONGGUO CHUANTONG WENHUA JINGDIAN DAODU

聂小雪　主　编

策划编辑　李　晨
责任编辑　李　晨
责任校对　郑成业
责任印制　范洪法
封面设计　周　灵
出版发行　浙江大学出版社
　　　　　（杭州市天目山路148号　　邮政编码　310007）
　　　　　（网址：http://www.zjupress.com）
排　　版　杭州林智广告有限公司
印　　刷　杭州宏雅印刷有限公司
开　　本　787mm×1092mm　1/16
印　　张　11.75
字　　数　260千
版 印 次　2024年1月第1版　2024年7月第2次印刷
书　　号　ISBN 978-7-308-24475-6
定　　价　45.00元

版权所有　侵权必究　　印装差错　负责调换
浙江大学出版社市场运营中心联系方式：0571-88925591；http://zjdxcbs.tmall.com

前言

中国传统文化，是中华民族在古代社会形成和发展起来的比较稳定的文化形态。其中所蕴含的哲学思想、人文精神、价值理念、道德规范等丰富内容，至今依然保持着鲜活的生命力和强大的精神感召力，为我们开创新文化提供历史的根据和现实的基础。

为了进一步落实中共中央办公厅、国务院办公厅《关于实施中华优秀传统文化传承发展工程的意见》的文件精神，结合《完善中华优秀传统文化教育指导纲要》的要求，我们编写了这本《中国传统文化经典导读》新形态教材，以满足高职学校中国传统文化教育的需求。

中国传统文化中包含着极为丰富的思想政治教育资源，是青年学子汲取营养、启智润心的精神源泉和力量支持。基于这一思考，本教材也着力突出中国传统文化中的思政元素，深入挖掘中国传统文化的思想政治教育内涵，按照十二个思政主题进行章节编排。第一章自强不息、盛德大业，第二章敬天保民、尊道贵德，第三章仁者爱人、讲信修睦，第四章雅正中和、温柔敦厚，第五章明德励志、止于至善，第六章天人合一、形神相守，第七章安贫乐道、物尽其用，第八章好学不倦、精益求精，第九章以史增智、以古鉴今，第十章奇书逸闻、奇人趣事，第十一章以美育人、以文化人，第十二章明礼诚信、修身自省。

党的二十大报告指出，育人的根本在于立德。高职院校坚持以立德树人为根本任务。通过对中国传统文化思政主题的提炼，有助于高职学生健全理想人格，培养"知识、能力、素质"三位一体的人才模式，更好地落实"立德树人"的根本任务。

本教材注重突出经典篇目。中国传统文化经典是文化的根源所在，是人生智慧的源头，要修身养性、通达事理，以此最为便利。历代的经史子集，都为我们提供了取之不尽的精神滋养。阅读经典就像和古圣先贤在对话交流，不但可以使学生形成恢宏的历史意识，还可以熏陶气质、提高涵养，在潜移默化中提升品质，成为具有高尚道德情操和正确价值观的人才。因此，我们在选取中国传统文化内容时，特别选取了具有文化源头性质，能够体现中华民族优秀思想品质、道德规范和价值取向，并且对中华文化影响深远的经典内容。

本教材注重突出实用价值。在编写体例上，通过导语让学生对中国传统文化有一个概念性了解，激发学生的学习热情，增强学习的主动性和有效性。在每一章具体内容学习之前，编写了本章引言，提出了明确的学习目标，并配以思维导图，让教师在教学过程中易于抓住重难点，有利于对教学过程进行整体把握；在具体篇目的学习中，教材以导语、原文、注释、译文的方式呈现，穿插知识链接和探究活动，激发学生主动探究、深入思考，真正达到学思结合、学用结合的学习效果。

此外，本教材还积极加入移动互联网技术，充分利用数字化教学资源，适当融入网络素材、微课视频，不仅有利于教材内容通过网络平台予以共享与传播，也有利于学生自主探究学习。

传统文化课程介绍

本教材编写的具体分工如下：第一章、第二章、第五章、第八章由聂小雪编写，第三章、第四章、第六章由赵肖编写，第七章、第九章、第十章由李冬梅编写，第十一章、第十二章由耿俊梅编写。河南正海集团成浩参与了本书结构和内容的设计。

本教材在编写过程中参考了大量文献资料，所引用的成果丰富了教材内容，在此一并表示感谢。本教材所选内容只是中国传统文化宝库中的沧海一粟，由于编者水平和经验有限，本教材难免存在不足之处，敬请广大读者批评指正。

目录

第一章

自强不息 盛德大业

　　党的十八大以来，我国的快速发展深刻影响着世界格局。中华优秀传统文化在我国已经提升到"中华民族基因""民族文化血脉""中国文化软实力"等前所未有的高度。习近平总书记提出，"我们要坚持不忘本来、吸收外来、面向未来"①。这是传承与发扬中华优秀传统文化的思想方法和工作方法，为建设新时代、坚定文化自信、推动社会主义文化建设指明了前进方向。

　　《周易》是一部凝结着远古先民睿智卓识的哲学著作，作为中华文化中最古老的典籍之一，被儒家学者奉为"群经之首、大道之源"，以独特的卦爻符号体系来表达思想，阐释事物和现象生成变化的法则，是中国哲学的根本。"自强不息""富有之谓大业，日新之谓盛德"等《周易》中的名句都表现出积极的人生观和世界观，强调人应当刚健有为、积极进取，在进取的过程中时刻激励自己永不懈怠，不断推陈出新。

① 习近平.在哲学社会科学工作座谈会上的讲话[M].北京：人民出版社，2016：16.

学习目标

知识目标：

1. 了解中华优秀传统文化的起源与形成。
2. 了解中华优秀传统文化起源对后期文化的塑造力。

能力目标：

1. 理解中华文化的生成背景、基本精神以及发展走向。
2. 正确认识人生不同的发展阶段，提早做好人生规划。

素养目标：

1. 理解生生不息的哲学道理，树立自强不息精神。
2. 寻找文化基因，感受中华文化深厚的思想底蕴，树立文化自信。

思维导图

自强不息 盛德大业

周易·上经（节选）

周易·系辞上（节选）

八卦

导 读

　　《周易》是儒家的五经之首，是代表中国文化特征的重要典籍之一，其影响深远光大。《周易》的名称，最早见于《周礼·春官·太卜》："太卜掌三《易》之法，一曰《连山》，二曰《归藏》，三曰《周易》。"《周易》一书最初的形态是蕴含着逻辑规律的卦画，《周易·系辞》中提到包牺（伏羲）氏"仰则观象于天，俯则观法于地"，"近取诸身，远取诸物"，于是创制了八个卦画。

　　因《史记》中写道"文王拘而演周易"，一般认为是周文王依据伏羲的先天八卦演绎出了后天八卦，并推演成六十四卦和三百八十四爻，还加上了卦辞。文王之子周公做爻辞。卦画、卦辞、爻辞形成了汉代易学家认为的《易经》的部分。春秋时期，孔子和其门生做了《易传》即《十翼》，《易经》和《易传》合并形成了《周易》。

　　本篇节选的乾卦、坤卦的相关内容是《周易》的入门钥匙。孔子认为"乾坤其易之门邪"，学《周易》必须先把乾坤两卦领悟透彻，这样才能够抓住这门学问的中心。《周易》以《乾卦》作为首卦，乾卦以天为象征，用纯阳之象形象地表述了阳刚之气和强健本质的特征作用及其发展变化规律。但《周易》的重点并不在于对自然的阐述，而在于对人事的关照。《四库全书·总目提要·易类》曰："《易》之为书，推天道以明人事者也。"所以乾卦以天来喻指其刚健的美德，并以之作为君子始终如一的精神，"天行健，君子以自强不息"。坤卦则以纯阴来象征大地的"柔顺利贞"，彰显"厚德载物"的君子之美。

乾^①：元^②，亨^③，利，贞。

易的三层含义

注释

①乾：卦名，象征宇宙之间的阳刚之气。

②元：指时空上的起始。

③亨：通达；顺利。

译文

乾创造了万物，是万物的开始，并使之亨通吉利。

初九^①，潜龙^②，勿用^③。

注释

①初九：《周易》六十四卦均由初、二、三、四、五、上六个爻位组成，此爻位处于卦的开始，所以叫做"初"。《周易》中用"九"代表阳爻，用"六"代表阴爻，此处为阳爻，故称"初九"。

②潜龙：潜，指隐而未见。龙：阳气之象。

③勿用：不能发挥作用。

译文

初九，潜藏在地中的阳气不能发挥作用。此时君子隐遁世外，犹如阳气潜藏在地下，因为未遇时也，所以不能成就自己的功名与德行。

九二，见龙在田^①，利见大人。

注释

①见（xiàn）：出现。田：田野。

译文

九二，阳气从地面升起来。比喻君子挣脱了压抑的处境，开始创造建功立业的条件，进取者应及时显现。

九三，君子终日乾乾^①，夕惕若厉^②。无咎^③。

君子之风

注释

①君子：对贵族和读书人的统称，后泛指有德有才的人。乾乾：勤勉精进。

②夕惕若厉：惕，警惕。若：如。厉：危险。

③无咎：小的灾祸。

译文

龙处在正从地面向上升的阶段，君子正为事业的成就而兢兢业业地奋斗，直到夜间还像遇到危险一样保持着警惕，这样才能避免灾祸。

九四，或跃在渊①，无咎。

注释

①渊：深渊，指龙的安身之处。

译文

龙有时在渊潭中，有时向上跃，并无灾患。君子需要及时进德修业，即使行动有点过头，也没有灾难。

九五，飞龙在天①，利见大人②。

注释

①飞龙在天：龙在天上，阳气至盛至美，比喻君子处在尊贵之位。

②大人：根据《易经》中的解释，大人是指"与天地合其德，与日月合其明，与四时合其序，与鬼神合其吉凶"的人。

译文

君子得其时，居尊位，德高才广，如阳光普照大地，可以大有作为。大人的出现，使得众志成城，风云际会，可以成就伟大的事业。

上九，亢龙①有悔②。

注释

①亢龙：亢，过分，过度。

②有悔：发生不幸、后悔的事情。

龙与乾卦

译文

龙飞到极高之处，就会发生不幸、后悔的事情。

《象》曰：天行健①，君子以自强不息②。

注释

①健：指天体的运行昼夜不息，周而复始。

②自强不息：努力向上，永不停息。

译文

天道的运行昼夜不息，周而复始，永远不衰退止息，君子应该效法天地的运行，始终保持努力向上、奋发图强的精神。

《象》曰：至哉坤①元，万物资生②，乃顺承天③。

注释

①坤：大地。

②资生：赖以生长，赖以为生。

③天：天道。

译文

《象传》里面说：有着至高美德的大地呀，万物的生长都依赖它，可它从没有向万物索要回报，人们要效法大地的这种精神。大地正是遵循了天道的法则，才如此的伟大。

坤厚载物①，德合无疆②。含弘③光大，品物④咸⑤亨。

注释

①载：承载。

②无疆：没有止境，没有限度。

③弘：大。

④品物：万物。

⑤咸：皆，都。

⑥亨：顺利，亨通。

译文

厚重的大地承载万物，人们要效法大地的精神，厚养德行，圆融广大。大地包含一切生命，并使之发扬光大，让万物都能亨通和顺。

《象》曰：地势①坤。君子以厚德载物。

注释

①地势：大地的气势。

译文

大地的气势厚实和顺，君子应效法大地，厚养美德，容载万物。

积善之家必有余庆，积不善之家必有余殃②。

注释

①庆：喜庆之事。

②殃：灾祸之事。

译文

积福行善的家族，必有很多喜庆之事；累积了很多恶劣行径的家族，必然留下很多祸殃。

知识链接

《周易》中的"天行健，君子以自强不息""地势坤，君子以厚德载物"是中华文化人文思想的核心理念。乾卦代表天，"行"是运动的意思，"天行健"，表示天体永远处在运动变化之中，"君子以自强不息"，表示我们做人要效法宇宙天体的精神，永远自强不息，努力向上，绝不停止，这句话也表现了中华民族奋斗拼搏的精神，表现了一种强大的生命力。"厚德载物"，就是要有淳厚的德性，效法大地能够包容万物，这是中华民族的兼容并包精神，表现了一种"有容乃大"的伟大气魄。

探究活动

1. 认真领会乾卦卦辞的含义。

2. 文中的君子，在不同的时与位应有的道德修养是什么？

周易元亨利贞

周易·系辞上

（节选）

导　读

　　《易经》蕴含着中国古人独特的思想和智慧，在中国传统思想文化中占有重要地位。孔子及其弟子专门写了十篇文章《十翼》为《易经》做注释，又称《易传》。之所以把这十篇文章称为《十翼》，就是为《易经》装上翅膀，帮助《易经》腾飞。《十翼》对《易经》的传承发展、丰富及弘扬发挥了重要作用，起到了深远的影响。

　　《系辞传》分上、下，是《十翼》中的两篇，内容丰富深邃，揭示了经文的含义和性质，尤其对蕴含的哲理作了高度概括，系统阐发了其中深含的哲理。"系"为系属之义，孔颖达认为"系属其辞于爻卦之下"。

　　《系辞》以"一阴一阳之谓道"立论，用阴阳、刚柔、乾坤的对立统一来解释宇宙和人类社会的一切关系及其变化。说明任何事物都具有两重性，肯定自然界存在阴阳、动静、刚柔等相反属性的事物，也正如老子所说的"万物负阴而抱阳"。

　　本篇节选自《系辞上》，是《系辞》最核心的内容。本篇提出了"一阴一阳之谓道"的观点，突出了其重要性。《系辞传》还特别强调了宇宙变化生生不已的性质，认为"天地之大德曰生"，"生生之谓易"，这是中国文化特有的观点。《易经》的文化，看人生是乐观的，是生生不已的，永远在成长，是周而复始循环的。道的功能永远是生生不已的，这就是"易"的作用。老子的观念"道生一、一生二、二生三、三生万物"，也是所谓的生生不已。所以古人云"欲学《周易》，先明《系辞》"。

一阴一阳之谓道^①，继之者善也^②，成之者性也^③。

注释

①道：此处指应用之道。一阴一阳，二者相互依存，又互相转化，它们贯穿于所有事物的发展变化之中，故以"道"名之。

②继：承继，连续。

③性：天性、本性，这里代表形而上的本体。

译文

宇宙之间任何事物都是一阴一阳矛盾对立和变化统一的，阴阳是构成宇宙万事万物最基本的元素，这就是道，这就是法则。继承这个"道"的是善，而成就这个"道"的则是事物内在的固有本质。

仁者见之谓之仁^①，知者见之谓之知^②，百姓日用而不知，故君子之道鲜矣！

注释

①仁者：有仁爱之心的人。

②知者：知，通假字，同"智"，有智谋或智慧的人。

译文

有仁爱之心的人见了"道"就认为是仁，有智谋或智慧的人见了"道"就认为是智。普通百姓日常生活中每天都在运用"道"，却对"道"茫然无所知，所以就很少有人懂得真正的君子之道了。

显诸仁^①，藏诸用^②，鼓万物而不与圣人同忧^③，盛德大业至矣哉！

注释

①显：显现。诸：用法和"之于"相同，"之"代表"道"。

②藏：隐藏。

③鼓：充满。

译文

道显现在善的、仁爱的方面，隐藏在日常的应用当中。道充满在万物的生命之中，使万物生长化育，无声无息，无思无为，不像圣人一样有忧患意识，有思有为，人如果能够效法和奉行天地之道，那才是最高的道德、最高的事业。

富有之谓大业^①，日新之谓盛德^②。生生之谓易^③，成象之谓乾，效法之谓坤^④，极数知来之谓占^⑤，通变之谓事，阴阳不测之谓神。

注释

①富有：物无不备，无所不有。

②日新：天天不断进步。

③生生：指生命力强盛，不断生长、繁衍。

④效法：仿效，模仿。

⑤极：穷尽。

译文

　　天创造了万物，却从不占有万物，所以天最富有。最伟大的事业像天道的精神一样，是付出而不是占有。（学问道德）要天天不断进步才能称为盛德。新旧事物不断地产生、不断地变化，永远没有终止，这是《易经》最基本、最重要的原则。道的功能永远是生生不已的，这就是"易"的作用。（道的运行）形成了乾代表的天（包括太空、虚空，也包括天体上的太阳、月亮、星辰系统整个现象等），效法天体形成的法则而形成了我们生存的地球。穷尽蓍策之数的推演，知道将来的变化就是"占"，宇宙万事万物都会变化，通达变化的道理，随时随机引导变化就是"事"。天地之道的变化就是阴阳的变化，永远有无法预知的地方，如果能推测出阴阳的变化，到达神奇奥妙的地步，就是"神"。

知识链接

　　　　汤之《盘铭》曰："苟日新，日日新，又日新。"《康诰》曰："作新民。"《诗》曰："周虽旧邦，其命维新。"是故君子无所不用其极。

　　[译读]商汤刻在澡盆上的箴言说："如果每天都是新的，就应保持天天新，新了还要更新。"《康诰》说："激励人民与时俱进，发奋图新。"《诗经》说："周虽然曾经是商朝旧的诸侯国，但却禀受了革旧图新的使命。"所以，明德君子没有不极力随时反省，改过自新的。

探究活动

　　1. 古文中经常出现的"道"字有几种解释？本文中的"一阴一阳之谓道"的"道"字怎样理解？

　　2. 理解文中"盛德"与"大业"的内涵。

太极图内涵

第二章

敬天保民　尊道贵德

本章引言

　　中国共产党的根本宗旨是"为人民服务"，"为人民"就是站在人民的立场，为人民的根本利益服务。人民性是马克思主义的本质属性，人民立场是中国共产党的根本政治立场。党的二十大报告指出："一切脱离人民的理论都是苍白无力的，一切不为人民造福的理论都是没有生命力的。"① "人民"是国家之本、社稷之基。"民本"思想是中华民族政治文化沉淀的瑰宝，是历史传承的管理智慧，符合我国方针战略的发展思想，在现今有更为广阔的时代价值，将在现代社会精神文明的建设中发挥积极作用。

　　中华文明是一脉承袭的。《尚书》《道德经》《孝经》等经典著作是我国古代思想的重要源头，文化积淀丰厚，其中蕴含的敬天保民、尊道贵德思想对后来的诸子百家思想产生了重要的影响。"是故昔先王尚有德、尊有道、任有能，举贤而置之"形象展示了我国传统文化以"天道"和"民本"互为表里的国家治理之道和独特的人文精神，是治国理政、安邦济世的思想资源，有着鲜活的生命力，并在后世的治国实践中积淀了非常精深且符合中国历史、文化和民族特色的治理经验和治国之道，能够为今天伟大的中国治国理政实践提供思想资源和历史经验。

① 习近平. 高举中国特色社会主义伟大旗帜　为全面建设社会主义现代化国家而团结奋斗——在中国共产党第二十次全国代表大会上的报告[M]. 北京：人民出版社，2022：19.

学习目标

知识目标：

1. 了解先秦时期朴素的唯物主义和辩证法思想。

2. 了解敬天保民、尊道贵德思想的开端及发展。

能力目标：

1. 理解修身的基本途径。

2. 追本溯源，把握中华文化对宇宙、社会和人生独特的解释。

素养目标：

1. 深刻领悟中华文化的民本精神，增强社会责任感。

2. 了解传统文化重视道德实践的传统，激发学生对修身的理想追求。

思维导图

敬天保民　尊道贵德

- 尚书·洪范
- 道德经（节选）
- 孝经·开明宗义

竹简

导 读

　　《尚书》是传统的五经之一，记载了上古的历史，保存了大量珍贵的先秦时期的政治、思想、文化、历史等诸多方面的史料。《尚书》在先秦时代只是称为《书》，西汉司马迁《史记·五帝本纪》中才开始称为《尚书》，"学者多称五帝"，"然《尚书》独载尧舜以来"，东汉马融的解释是"上古有虞氏之书，故曰《尚书》"，按照这种解释，"尚"的意思就是"上"，《尚书》可以理解为"上古的史书"。后来随着儒家学派地位的提升，《尚书》作为儒家经典，备受推崇，因此也被尊称为《书经》。

　　秦朝的焚书坑儒的政治运动中《尚书》遭到严重焚毁，《史记·儒林传》中提到"及至秦之季世，焚《诗》《书》，坑术士"，幸而当时教授《尚书》的博士伏生将《尚书》藏在墙壁之中，才得以保存。汉朝初年，只找回二十八篇，汉文帝派晁错用汉代通行的文字抄写下来，被称为《今文尚书》，到西晋"永嘉之乱"时，全部遗失，最终失传。与《今文尚书》相对的还有《古文尚书》。相传汉武帝末年，在孔子住宅的宅壁中发现了一部《尚书》，因为是用先秦古文字书写的，所以称为《古文尚书》。

　　孔颖达在《尧典正义》中将《尚书》分为十类文体"一曰典，二曰谟，三曰贡，四曰歌，五曰誓，六曰诰，七曰训，八曰命，九曰征，十曰范"。如典是记载君王的言行和事迹，关于尧舜的记载称为《尧典》《舜典》，谟是记载君臣之间谋议大事的，如《皋陶谟》，其余的如《禹贡》《伊训》《康诰》《汤誓》《洪范》等都是贡、训、诰、誓、范等文体的代表作。本书选取的《洪范》是一篇对后世影响深远的文献，讲述了周文王十三年，箕子向武王阐述大禹的九条治国方略。"洪"的意思是大，"范"的意思是法。《史记·周本纪》记载："武王已克殷，后二年，问箕子殷所以亡"，因为箕子"不忍言殷恶"，故武王"问以天道"。

惟十有三祀[①]，王访于箕子[②]。王乃言曰："呜呼！箕子惟天阴骘下民[③]，相协厥居。我不知其彝伦攸叙[④]？"

注释

①惟：发语词。十有三祀：即"十三年"，指周文王建国后的第十三年。有：又。祀：年，商代以祀纪年。

②王：周武王。箕子：商纣王的叔父，封地在今山东境内。

③阴骘：庇护，保护。

④彝伦：常理。攸：所。叙：顺序，这里指制定、规定。

译文

周文王十三年，武王拜访了箕子。武王说道："哎呀！箕子。上天庇护着下界的臣民，使大家可以和睦共处。我不知道上天治理天下（采用了哪些）常理使得所有的事情都井然有序？"

箕子乃言曰："我闻在昔，鲧堙洪水[①]，汩陈其五行[②]，帝乃震怒[③]，不畀洪范九畴[④]，彝伦攸斁[⑤]。鲧则殛死[⑥]，禹乃嗣兴，天乃锡禹洪范九畴[⑦]，彝伦攸叙。

注释

①鲧：人名，禹的父亲。堙（yīn）：堵塞。

②汩：乱。陈：列。

③帝：天帝，上天。

④畀（bì）：赐予。洪：大。范：法。畴：种类。九畴：治国的九种大法。

⑤攸：因此。斁（dù）：败坏。

⑥殛（jí）：杀死，诛戮。一说流放。

⑦锡：同"赐"，赐予。

译文

箕子回答说："我听说从前鲧用土石堵塞的方法治理洪水，结果把五行排列的次序打乱了。上天因此而大怒，就没有把治理天下的九种大法传授给鲧，治理天下的常理遭到破坏。鲧后来被（尧）诛杀了，大禹继承了他父亲的事业，（并从鲧治水的失败中汲取教训，改堵塞为疏导）继续治水，上天就把九种大法传授给了禹，禹按此常理把天下治理得井井有条。

初一[①]，曰五行；次二，曰敬用五事[②]；次三，曰农用八政[③]；次四，曰协用五纪[④]；次五，曰建用皇极[⑤]；次六，曰乂用三德[⑥]；次七，曰明用稽疑[⑦]；次八，曰念用庶征[⑧]；次九，曰向用五福[⑨]，威用六极[⑩]。

注释

①初：表示次序居第一。

②五事：貌、言、视、听、思五件事。

③农：努力。八政：八种政务。

④协：和，正确使用。五纪：年、月、日、星辰、历数五种纪时方法。

⑤建：建立。皇极：君主至高无上的统治准则。

⑥乂：治理臣民。三德：正直、刚克、柔克三种统治方法。

⑦稽：考察。

⑧庶：多。征：征兆。

⑨五福：寿、富、康宁、攸好德、考终命五种幸福的事。

⑩威：使之感到畏惧、敬畏。

译文

第一是五行；第二是恭恭敬敬地做好自身的五件事；第三是努力做好八项政务；第四是正确使用五种纪时方法；第五是建立君王至高无上的统治准则；第六是推行三种管理臣民的方法进行国家的治理；第七是运用卜筮排除疑惑进行决策；第八是觉察研究各种征兆验证君主行为的好坏；第九是用五种幸福的事为百姓赐福，用六种极坏的事惩罚罪恶。

———

一，五行：一曰水，二曰火，三曰木，四曰金，五曰土。水曰润下①，火曰炎上②，木曰曲直③，金曰从革④，土爰稼穑⑤。润下作咸⑥，炎上作苦，曲直作酸，从革作辛⑦，稼穑作甘⑧。

注释

①润下：向下润湿。

②炎上：向上燃烧。

③曲直：可曲可直。

④从革：变革。这里指金能够按照人的意愿而改变。

⑤爰："曰"，助词，无实义。稼穑：种植和收获谷物等庄稼。

⑥作：则，就。

⑦辛：辛辣。

⑧甘：甘甜。

译文

第一章，五行：一是水，二是火，三是木，四是金，五是土。水的特性是向下润湿，火的特性是向上燃烧，木的特性是能够弯曲或者伸直，金的特性是熔化之后可以按照人的意愿变化形状，土的特性是可以种植和收获谷物等庄稼。向下润湿的水产生咸味，向

上燃烧的火产生苦味，可曲可直的木产生酸味，可改变形状的金产生辣味，土地生长出来的庄稼味道是甘甜的。

二，五事：一曰貌①，二曰言，三曰视，四曰听，五曰思。貌曰恭，言曰从②，视曰明③，听曰聪④，思曰睿⑤。恭作肃⑥，从作乂⑦，明作哲，聪作谋，睿作圣。

 注释

洪范五事

①貌：外在的仪表、态度。

②从：顺从。

③明：清醒明察。

④聪：聪明。

⑤睿：通达。

⑥肃：敬。

⑦乂：治理。

译文

第二章，君主自身的五件事情：一是态度，二是言语，三是观察，四是听闻，五是思考。外在的仪表、态度要恭敬，言语要合理，百姓才会听从，观察事物要明晰，闻听要聪颖，思考问题要通达。外在的仪表、态度恭敬，内在才会生出恭敬谨慎之心；言语合理，百姓才会听从，天下才能得到治理；观察问题能够明察秋毫，就会有智慧而不受蒙蔽；闻听聪颖，就能够善于谋断；思考问题通达，就能达到圣明的境界，无所不通。

三，八政：一曰食①，二曰货②，三曰祀③，四曰司空④，五曰司徒⑤，六曰司寇⑥，七曰宾⑦，八曰师⑧。

注释

①食：指农业生产。

②货：财货。指手工业、商业贸易。

③祀：祭祀等活动。

④司空：管理居民的官员。

⑤司徒：管理教育的官员。

⑥司寇：掌管司法事务的官员。

⑦宾：礼宾、朝觐等外交事务。

⑧师：军事行动。

译文

第三章，要办好八项政务：一是农业生产，二是手工业生产和商业贸易，三是祭祀活动，四是管理居民的内务民政，五是教育文化，六是司法治安，七是礼宾外交，八是军事行动。

四，五纪^①：一曰岁^②，二曰月^③，三曰日^④，四曰星辰^⑤，五曰历数^⑥。

注释

①五纪：依节气、月象、圭影纪年、月、日，依二十八宿纪日月之会，依五行星的运行数据纪历数。纪，指天象数据及不同的纪时单位。

②岁：上年冬至到下年冬至为一岁。到战国时候已经和"年"字通用。

③月：从朔至晦为一月。商代以一月为三旬，西周时一月按照月相分为初吉等四部分。

④日：昼夜为一日。

⑤星辰：依躔度以纪星辰。

⑥历数：日月星辰运行经历周天的各种数据。

译文

第四章，五种纪时方法：一是年，二是月，三是日，四是星辰，五是历数。

五，皇极：皇建其有极^①。

注释

①有：助词，无实际意义。极：准则。

故宫三大殿

译文

第五章，君王的统治准则：君王要建立他的统治准则。

敛时五福^①，用敷锡厥庶民^②；惟时厥庶民于汝极，锡汝保极^③。凡厥庶民，无有淫朋^④，人无有比德^⑤，惟皇作极。凡厥庶民，有猷有为有守^⑥，汝则念之。不协于极^⑦，不罹于咎^⑧，皇则受之，而康而色^⑨。曰'予攸好德'^⑩，汝则锡之福。时人斯其惟皇之极。无虐茕独^⑪，而畏高明^⑫。人之有能有为，使羞其行^⑬，而邦其昌。凡厥正人^⑭，既富方谷^⑮；汝弗能使有好于而家，时人斯其辜^⑯。于其无好，汝虽锡之福，其作汝用咎。

注释

①敛：集中。时：通"是"，指示代词，这。

②用：以。敷：普遍。锡：赐予。厥：其。

③保：保持、遵守。极：准则。

④无：毋，不要。淫朋：通过交游私下结成的小集团。

⑤比：私下勾结。

⑥猷：谋划。守：操守。

⑦协：和，合。

⑧罹：陷入。咎：罪过。

⑨康：和悦。色：脸色温润。

⑩攸：修。

⑪虐：欺侮。茕独：泛指鳏寡孤独、无依无靠的人。

⑫高明：尊崇显要的权贵。

⑬羞其行：进一步提升其德行。羞：贡献。

⑭正人：做官的人。

⑮穀：善。

⑯辜：罪过。

译文

将五种幸福的事聚集起来，赐予百姓；这样的话，百姓就会拥护这些准则，帮助您巩固这些准则。所有庶民百姓都不得私下结党营私，不允许各级官员私下勾结、朋比为奸，只能遵循君王所制定的准则。只要是那些善于谋划、有才干、有操守的庶民，要注意留意他们。那些行为不符合准则，但尚未获罪的人，就要容忍他们，而且应该亲切和蔼地去宽恕他们。如果有人说'我要注意修行好品德'，您就要赏赐他们一些好处。这些人就会完全遵守君主的准则。不要虐待那些无依无靠的百姓，而畏惧那些尊崇显要的官员。那些有才干的官员，要晋升他们，这样才能让国家繁荣昌盛。那些高级官员，要先给他们以优厚的俸禄，才能让他们做出善政。如果您不能使百姓尽力于王家，那就是官员们的罪过。那些没有好的品德的人，您虽然赐福给他们，他们也只会干出坏事。

无偏无颇①，遵王之义。无有作好②，遵王之道。无有作恶，遵王之路。无偏无党③，王道荡荡④。无党无偏，王道平平⑤。无反无侧，王道正直。会其有极！归其有极！曰皇极之敷言⑥，是彝是训⑦，于帝其训⑧。凡厥庶民极之敷言，是训是行，以近天子之光。曰天子作民父母，以为天下王！

注释

①颇（pō）：倾斜，不平。

②好：偏好、偏私。

③党：包庇私情。

④荡荡：宽广的样子。

⑤平平（biànbiàn）：平坦的样子。

⑥敷：通"傅"，至。

⑦彝：常规，常法。训：教训。

⑧于帝其训：顺从上天的旨意。

译文

不要不公平，也不要不公正，要遵循君王的仁义。不要有所偏私，要懂得遵循君王的正道而前行。不要为非作歹，要遵循君王的正道行走。不要偏私，不要结党，君王的道路才能无比宽广。不要结党，不要偏私，君王的道路才能无比平坦。不要反复，不要倾侧，君王的道路才能中正平直。大家汇集到君王的准则下来！大家归依到君王的准则下来！这就叫作君王统治准则的至理名言，要以至理名言作为师法，作为教训，才算顺从了上天的旨意！这些都是庶民们所要遵守的至理名言，顺从它，奉行它，这样才能亲附于天子，承受他的光泽。这样，天子才能成为百姓的父母，成为全天下的君王！

六，三德①：一曰正直，二曰刚克②，三曰柔克③。平康④，正直；强弗友⑤，刚克；燮友⑥，柔克。沉潜⑦，刚克；高明⑧，柔克。惟辟作福⑨，惟辟作威，惟辟玉食。臣无有作福、作威、玉食。臣之有作福、作威、玉食，其害于而家，凶于而国，人用侧颇僻，民用僭忒⑩。

注释

①三德：三种治理方法。

②正：端正。刚：刚强，强硬。克：取胜。

③柔：怀柔、温和的方式。

④平康：中正平和。

⑤强：通"犟"，倔强，顽固。

⑥燮：和，柔和。

⑦沉潜：指社会底层的民众。

⑧高明：显要的贵族。

⑨辟：君主。

⑩僭：僭越，犯上作乱。忒：通"恶"。

译文

第六章，三种治理的方式：一是要用正直的方式进行治理，二是要用强硬的方式进行治理，三是要用柔和的方式进行治理。对中正平和的人，要采用正直的方式；对倔强不亲附的人，要采用强硬的方式；对和顺容易亲近的人，要采用温和的方式。对待底层民众，要以强硬的方式管理；对显要贵族，以可以采用的方式拉拢。只有君王才有权赏赐幸福，给予民众刑罚，也只有君王才可以享受美食。臣下无权给人以幸福、予人以刑罚、享受美食。倘若臣下擅自使用权力，给人以幸福、予人以刑罚、享受美食，就会危及王室，倾覆国家，百官因此会走上邪路，百姓也会犯上作乱。

七，稽疑①：择建立卜筮人②，乃命卜筮③。曰雨，曰霁④，曰圛⑤，曰驿⑥，曰克⑦，曰贞⑧，曰悔⑨，凡七。卜五⑩，占用二⑪，衍忒⑫。立时人作卜筮，三人占，则从二人之言。

注释

① 稽疑：利用卜筮来决疑。

② 卜：利用龟甲预测吉凶。筮：用蓍草卜问疑难之事。

③ 命：差遣，指派。

④ 霁：泛指风霜雨雪停止，天气晴好。

⑤ 圛（yì）：云气稀疏的样子。

⑥ 驿：朦胧不清。

⑦ 克：成功与否。

⑧ 贞：内卦。

⑨ 悔：外卦。

⑩ 卜五：指用龟甲占卜的雨、霁、圛、驿、克五项。

⑪ 占用二：用蓍草占筮的贞、悔两项。

⑫ 衍：推演。忒：变。

译文

第七章，占卜决疑的方法：选择善于卜筮的人，用龟甲占卜、蓍草筮卦，测算出雨、霁、圛、驿等天气状况，事情成功与否，以及内卦、外卦的多种变化，一共七项。其中，龟卜五项，蓍筮两项，都要推演研究兆卦的变化。让善于卜筮的人进行卜筮时，三个人占问，可以听信其中两个人的结果。

汝则有大疑，谋及乃心，谋及卿士，谋及庶人，谋及卜筮。汝则从，龟从，筮从，卿士从，庶民从，是之谓大同。身其康强，子孙其逢①，吉。汝则从，龟从，筮从，卿士逆，庶民逆，吉。卿士从，龟从，筮从，汝则逆，庶民逆，吉。庶民从，龟从，筮从，汝则逆，卿士逆，吉。汝则从，龟从，筮逆，卿士逆，庶民逆，作内，吉；作外，凶②。龟筮共违于人，用静，吉；用作，凶。

注释

① 逢：昌盛。

② 吉：吉利。凶：灾祸。

译文

您倘若有什么重大疑难的事情，首先要自己再三考虑，然后再询问臣子，之后再和庶民商议，最后再看卜筮的结果。如果您自己赞同，龟卜赞同，蓍卦赞同，臣子赞同，庶民也赞同，这就叫作大同。这样，您的身体就会强健，子孙后代也会昌盛兴旺，这就叫做大吉。如果您自己赞同，龟卜赞同，蓍卦赞同，可是臣子们反对，庶民们也反对，这也算是吉利。如果大臣们赞同，龟卜赞同，蓍卦赞同，您自己却反对，庶民们也反对，这还算是吉利。如果庶民们赞同，龟卜赞同，蓍卦赞同，您自己却反对，大臣们也反对，这仍算是吉利。如果您赞同，龟卜也赞同，蓍筮却反对，大臣们也反对，庶民们也反对，这种情形下，如果是对内之事，依然是吉利；如果是对外之事，则有凶灾。如果龟卜和蓍筮都不合人意，那就要安静下来，不要采取任何行动，才能得到吉利的结果；如果轻易采取行动，就会招来灾祸。

八，庶征①：曰雨，曰旸②，曰燠③，曰寒，曰风。曰时五者来备④，各以其叙⑤，庶草蕃庑⑥。一极备⑦，凶；一极无⑧，凶。

注释

①庶：庶众，众人。征：征兆。

②旸（yáng）：日出，这里指晴天。

③燠（yù）：温暖，炎热。

④时：通"是"，指的是上面说的五种现象。

⑤叙：次序，这里指时令。

⑥蕃：茂盛。庑：形容草木丰盛。

⑦一：指雨、旸、燠、寒、风五种现象中的一种。极：过分。

⑧无：欠缺。

译文

第八章，各类征兆：雨、晴、暖、寒、风。要是这五种征兆都具备，各自按照正常的规律发生，就能使草木生长繁盛，庄稼丰收。如果其中某一项太多，就不吉利；某一项欠缺，也是不吉利的。

"曰休征①：曰肃②，时雨若③；曰乂，时旸若；曰哲，时燠若；曰谋，时寒若；曰圣，时风若。

注释

①休：美好。征：征兆。

②肃：指君王态度严肃、庄敬。

③时：适时。若：助词，无意义。

译文

美好行为的征兆：君王的表现严肃、庄敬，雨水适时地降下来；君王政治清明，太阳能够适时普照大地；君王处理事情明智，气候适宜温暖；君王深谋远虑，天气会在恰当的时节转寒；君王明识通达，惠风和畅，定时而至。

曰咎征①：曰狂②，恒雨若③；曰僭④，恒旸若；曰舒⑤，恒燠若；曰急⑥，恒寒若；曰髦，恒风若。

注释

①咎：罪责，过错。

②狂：狂妄，傲慢。

③恒：经常。

④僭：超越本分，过失。

⑤舒：缓慢拖拉。

⑥急：急躁莽撞。

译文

恶劣行为的征兆：君王的行为肆无忌惮，常下大雨；君王的行为超越本分，经常干旱；君王办事缓慢拖拉，天气经常炎热；君王办事急躁莽撞，天气经常寒冷；君王处事昏暗不明，经常大风不止。

曰：王省惟岁①，卿士惟月②，师尹惟日③。岁月日时无易④，百谷用成⑤，乂用明⑥，俊民用章⑦，家用平康。日月岁时既易，百谷用不成，乂用昏不明，俊民用微⑧，家用不宁。

注释

①省：省察。

②卿士：周王朝的执政者，掌管王朝的政事。

③师尹：泛指周王朝高级官员。

④无易：不发生异常的变化。

⑤用：以。

⑥乂：治。

⑦俊民：才能特别高的人。章：彰，显明。

⑧微：沉沦、地位低下。

译文

君王、卿士、师尹相继来管理事情，就像岁、月、日递相隶属，岁、月、日自然有序而不错乱，庄稼才会获得丰收，政治就会清明，贤才也会彰显启用，国家才能平安宁静。如果日、月、岁的顺序颠倒错乱，庄稼就难有收成，政治也会变得混乱不堪，贤才只能沉沦到底层，国家当然就不得安宁了。

庶民惟星①：星有好风，星有好雨。日月之行，则有冬有夏；月之从星，则以风雨②。

注释

①庶民惟星：民众好比星星。

②月之从星，则以风雨：月亮运行的时候，偏从星星的喜好，就会引起风雨。这里是比喻意，强调君王要加强统治，不能迁就民欲。

译文

民众好比星星：能够影响风调雨顺。日、月按一定的规律运行，就会产生冬季和夏季。本应该是众星捧月，如果颠倒过来，月亮运行时，偏从星星的喜好，就会引起风雨。比喻顺从民欲，就会政教失常。

九，五福①：一曰寿，二曰富，三曰康宁②，四曰攸好德③，五曰考终命④。六极⑤：一曰凶短折⑥，二曰疾，三曰忧，四曰贫，五曰恶⑦，六曰弱⑧。"

注释

①福：有福气的事。

②康宁：健康平安。

③攸：修。

④考终命：寿终正寝，善终。考，老。

⑤极：这里指惩罚、恶事。

⑥凶短折：夭折，短命而死。

⑦恶：凶恶，丑恶。

⑧弱：懦弱，衰弱。

洪范五福

译文

第九章，五种幸福：一是长寿，二为富贵，三是健康平安，四是敬修美德，五是老而得善终。六种惩罚：一是短命而死，二是疾病，三是忧患，四是贫穷，五是凶恶，六是衰弱。

武王既胜殷，邦诸侯①，班宗彝②，作《分器》。

注释

①邦：分封。

②班：赐予，分给。

译文

周武王已经战胜了商周，分封诸侯，赏赐给诸侯宗庙彝器，并命史官作《分器》记录下来。

《尚书》包括《虞书》《夏书》《商书》《周书》四部分。《尚书》的核心思想是商、周时代的神权政治观念，在《尚书》的记载中可以看出这一时期的政治观念由强调"天命神授"（如《商书·盘庚上》中的"先王有服，恪谨天命"）到主张"敬天保民"的演变过程。重要标志是提出了"德"，重视并强调"重德保民"。《周书·梓材》中说"肆王惟德用"，《周书·康诰》中明确提出了"明德慎罚"的原则。《尚书》还非常重视借鉴商末周初动乱的历史教训，认真思考盛衰兴亡的原因，产生了新的政治观念以及理政的原则、方法，对后代影响较大。

探究活动

1. 本文中箕子向周武王阐述的九章大法的第二条是慎重做好五件事，这五件事的要领和意义是什么？

2.《尚书·洪范》对后世的哲学影响是什么？

崂山太清宫老子雕像

道德经（节选）

导 读

　　《道德经》，又名《老子》，是道家哲学思想的重要典籍，分上下两篇，上篇称为《道经》，下篇称为《德经》，共八十一章。短短五千字涵盖了宇宙本体、自然及社会运行法则、处世之道、养身之道、治国之道等方面，包罗万象，气势恢宏，奥妙精深。"道"是老子哲学思想的基本范畴，《道德经》认为"道"是由作为天地之始、万物之本的"无"与作为万事万物规律的"有"共同构建而成的。

　　本篇选取的第十一章探讨了有与无的辩证关系，车轮中心连接辐条的毂、盛物的器具、有门窗的房子，这三种东西，都是有外在的形状，中空无物，才能有多方面的效用。"有"是为了展现它的好处，"无"是为了达到它的作用。"有""无"是相互利用的，没有绝对的"有"或"无"。

　　第二十五章在《道德经》里占有重要的地位，论述了"道"的存在和运行，"道"无声无形，先天地而存在，循环运行，生生不息，是天地万物之母。现实世界的一切都是相对存在的，而唯有"道"是独一无二的，所以"道"是独立而不改的。本章提出的道、天、地、人这四大中"道"是第一位的，它是事物得以产生的最根本、最根源的地方。

　　第五十一章属于下篇《德经》，老子认为"道"在缔造生命的过程中起到了不可低估的作用，在前面的论述中已经提到了"道生一，一生二，二生三，三生万物"的观念，而"德"在养育生命的过程中起到了至关重要的作用，没有"德"，生命的延续就会受到影响。"道"与"德"是统一的，尊道就是崇德，崇德就是尊道。

十一章

三十辐共一毂[1]，当其无[2]，有车之用。埏埴以为器[3]，当其无[4]，有器之用。凿户牖以为室[5]，当其无[6]，有室之用。故有之以为利[7]，无之以为用[8]。

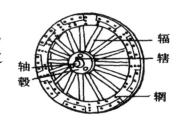

注释

①辐：辐条。毂（gū）：在车轮中心的一种木制圆圈，用来穿入车轴的木头。中心有圆孔的圆木，其中插轴。

②无：毂中间的中空状态。

③埏埴（shānzhí）：糅合黏土制作的盆、罐等陶器。埏，用水和土。埴，制陶的黏土。

④无：这里指陶器中空。

⑤户牖（yǒu）：门和窗户。

⑥无：这里指门窗的中空状态。

⑦利：好处。

⑧用：功用。

译文

三十根辐条共同汇集到一个车毂上，在车毂中空的地方，穿进车轴，才能具有车的作用。糅合黏土做成陶器，中间中空的地方才能用来盛东西，才能具有器皿的作用。在墙壁上开凿门窗建造房屋，有了门窗的中空，房子才能具有居住的作用。因此，拥有器物可以带来便利，器物具有中空之处才能发挥作用。

二十五章

有物混成[1]，先天地生。寂兮寥兮[2]，独立而不改，周行而不殆[3]，可以为天下母。吾不知其名，字之曰道[4]，强为之名[5]，曰大[6]。大曰逝，逝曰远，远曰反[7]。故道大，天大，地大，人亦大。域中有四大，而王居其一焉。人法地[8]，地法天，天法道，道法自然。

注释

①混成：浑然一体。

②寂：无声音。寥：无形体。

③周行：周而复始的循环运行。殆：通"怠"，停止的意思。

④字：取名，命名。

⑤强：勉强。

⑥大：无边无际的样子。

⑦反：通"返"，返回到原地。

⑧法：效法。

译文

有一个浑然一体的东西，在天地出现之前就存在了。它无声无形，不依靠任何外力而独立存在，永远不会改变，循环往复运行而永不停息，可以作为天下万物的本原。我不知道它的名字，勉强把它命名为"道"，再勉强给它起个名字叫做"大"。它广大无边而周流不息，周流不息而伸展遥远，伸展遥远又返回本原。因此说道大，天大，地大，王也大。万物间有四大，而王居其一。人效法地，地效法天，天效法"道"，"道"效法自然。

五十一章

道生之①，德畜之②，物形之③，势成之④。是以万物莫不尊道而贵德。道之尊，德之贵，夫莫之命而常自然。

故道生之，德畜之，长之育之⑤，成之熟之⑥，养之覆之⑦。生而不有，为而不恃，长而不宰，是谓"玄德"⑧。

注释

①生：动词的使动用法，使生长。

②畜：指养育。

③物：万物。

④势：各种不同的环境。

⑤长：成长。育：发育。

⑥成：成为。熟：植物的果实长成了。

⑦养：抚育。覆：保护。

⑧玄德：深远玄妙的德行。

译文

道产生万事万物，德滋养万事万物，用不同形状、姿态使万物得到显现，外界不同的形势环境使万物得到成熟。所以万事万物都尊崇道，珍贵德。道受到重视，德受到珍视的原因，是因为道和德没有对万物发号施令遵循任何命令而永远任其自然而然地发展。以此，道产生万事万物，德行滋养万事万物，促使万物生长、滋养、结果、成熟，并且抚养庇佑它们。生长万物而不占为己有，抚育万物而不自傲，长养万物而不主宰它们，这就是深远、玄妙的德行。

知识链接

老子思想中天道无为与自然的观念："万物作而弗始，生而弗有，为而弗恃，功成而弗居"，天地生长万物与人，不居功，不自恃，不占为己有，它没有自私的目的、没有对功利的要求，只有施舍、给予，从不要求回收，万物从它生灭，都是自然的现象，所以人能效法天地大公无私仁慈的精神，才是道德的标准，也便是形而上道的境界与形而下宇宙世界的自然法则。

"天法道，道法自然"由做人的效法标准推广到形而上的道。天效法自然，天道本身自己当然的法则是如此的。"无为"不是"不作、不为"的意思，而是天道道体的境界。"无不为"是道体具有的生生不已的功能和作用。

探究活动

1. 透过本文中提到的"埏埴以为器，当其无，有器之用"这种物理自然的法则，了解虚怀若谷的做人法则。

2. 如何理解本文提到的"道生之，德畜之，物形之，势成之"四个阶段的功能，即"道"的功能、"德"的功能、"物"的功能、"势"的功能？

感恩母亲

导 读

　　《孝经》是中国文化史上最重要的典籍之一，文义浅白，影响深远。和《诗》《书》《易》等称为"经"不同，《孝经》的"经"是原则、方法的意思，《孝经》就是关于孝的道理、行孝的方法的意思。全书共十八章，一千八百余字。篇幅虽小，但却全面系统地论述了中国古代社会以"忠孝"为核心的文化思想。

　　《孝经》在历史上备受推崇，汉文帝时，《孝经》不仅被列入官学，置博士，而且成为儿童识字以后的必读书。隋唐时期，以《孝经》颁行天下，南宋时成为儒家文化经典"十三经"之一，宋太宗称赞："千文无足取，若有资于教化，莫《孝经》若也"。因此《孝经》在历史上，既是重要的文献经典，又是普及的通俗读物，既是人伦行为的纲纪，又是科举入仕的阶梯。

　　《孝经·开宗明义》是《孝经》的首章，论述了"孝"的重要性。"夫孝，德之本也，教之所由生也"，说明"孝"是一切道德的根本，所有品行的教化都是由孝行派生出来的。但《孝经》的核心并不只是谈家庭范畴内的伦理道德规范，而是从家庭拓展到社会、国家，将"治家"移于"治国"。《开宗明义》指出"先王有至德要道"，说明"孝"是古代英明贤圣的君王至善至美的品行和道德，最重要的道理、方法。"夫孝，始于事亲，中于事君，终于立身"，"孝"首先表现为"事亲"，进而表现为"事君"，"事君"就是为国君、为国家做事，通过"事亲""事君"，最后才能"立身"，达到事业的成就，最终"扬名于后世，以显父母"，才是完满的孝行。

仲尼居①，曾子侍②。子曰："先王有至德要道③，以顺天下④，民用和睦⑤，上下无怨。汝知之乎？"曾子避席曰⑥："参不敏，何足以知之？"子曰："夫孝，德之本也，教之所由生也⑦。复坐，吾语汝。身体发肤，受之父母，不敢毁伤⑧，孝之始也。立身行道，扬名于后世，以显父母，孝之终也。夫孝，始于事亲⑨，中于事君⑩，终于立身⑪。《大雅》云：'无念尔祖，聿修厥德。'"⑫

注释

①仲尼：孔子的字。我国传统以"伯、仲、叔、季"表示排行，"仲"是老二。孔子得名于故里的尼丘山，名丘，字尼。居：平素家居。

②曾子：曾参，字子舆，鲁国南武城（今山东费县西南）人，孔子的弟子。曾参事亲至孝，孔子认为他可通孝道，因此向他传授关于孝的道理。侍：在尊长旁边陪伴、侍奉。

③先王：古代英明贤圣的君王，如尧、舜、禹、文王、武王等。至德：极高尚的品德和道德修养。要道：重要的道理、方法。要：简要，要约。

④以顺天下：用来使天下的人和顺。

⑤用：因此。

⑥避席：席，铺在地上的草席，这里指自己的座位。古人席地而坐，在师长或尊者提问、施礼、祝酒等场合，要回答、回礼、准备饮酒时，坐在席上的人要起身离开自己的席位，表示对对方的礼貌和尊敬。

⑦教之所由生也：古有"五教"之说，即教父以义，教母以慈，教兄以友，教弟以恭，教子以孝。儒家认为孝是一切道德的根本，一切教育的出发点。

⑧毁伤：破坏伤害。

⑨始于事亲：郑注云："父母生之，是事亲为始"，以侍奉双亲为孝行之始。

⑩中于事君：以为效忠国家、效忠君王为孝行的中级阶段。一说指中年时期以效忠君王为孝。

⑪终于立身：以建功立业扬名，给家族增添光彩和荣耀为孝行之终。一说指老年时期以扬名后世为孝。

⑫尔：你的。祖：祖先，诗中指文王。聿：句首语气词。修厥德：指继承、发扬光大文王的美德。厥：其。

译文

孔子在家中闲坐，曾参在一旁陪坐。孔子说："古代英明贤圣的君王，有一种极高尚的品德和道德修养以及重要的道理、方法，它可以用来使天下的人和顺，百姓和睦融洽，上上下下没有怨恨和不满。你知道这是为什么吗？"曾子连忙起身离开席位回答说："我生性愚钝，哪里能知道那究竟是什么呢？"孔子说："那就是孝！孝是一切道德的根本，所有品行的教化都是由孝行派生出来的。你还是回到原位去，我讲给你听。一个人的身体、四肢、毛发、皮肤，都是从父母那里得来的，所以要特别地加以爱护，不敢伤害破损，这是孝的开始，是基本的孝行。一个人要建功立业，遵循天道，扬名于后世，给家族增添光彩和荣耀，这是孝的终了，是完满的、理想的孝行。孝，开始时从侍奉父母做起，中间的阶段是效忠君王，最终则要建功立业，这才是孝的圆满的结果。《大雅》里说：'怎么能不想念你的先祖呢？要努力去发扬光大你的先祖的美德啊！'"

"孝道"文化是中国特有的，它有着悠久的历史。据考证，甲骨文中就已经出现"孝"字。"孝"是一个会意字，它的意思是小子搀扶着长着长长胡须的老人。《尔雅·释训》云："善父母为孝"，《说文解字·老部》说："孝，善事父母者"。段玉裁注曰："礼记：孝者，畜也。顺于道，不逆于伦，是之谓畜。"畜者，养也。"孝"的基本含义是善于侍奉和赡养父母的意思。

孔子创立"仁学"，"孝"是"仁"的重要内容之一。孔子的学生有若说："孝弟也者，其为仁之本与！"在儒家看来，孝顺父母、敬爱兄长，是实行仁德的根本。"君子务本，本立而道生。"君子抓住这个根本，实行"仁"的基础建立起来了，人与人之间的伦理道德就会产生出来。

孔子的社会政治理想，是想建立一个"老者安之，朋友信之，少者怀之"（《论语·公冶长》），使百姓安居乐业的社会。要实现这一理想，就要从"孝弟"开始，从爱自己的亲人开始，上对君王尽忠，下在朋友之间建立信任关系，从而扩大到"爱人爱众"，使社会达到和谐。所以，孔子认为，如果一个人做到了"孝弟"，他的人性就得到了很好的改造，他就能遵守社会的规范。孔子的弟子有若把孔子的这一思想作了深刻的理会，他说："其为人也孝弟，而好犯上者，鲜矣！不好犯上，而好作乱者，未之有也。"（《论语·学而》）

探究活动

1. 本篇开示了全书的宗旨，说明了孝的义理。孝的三纲领事亲、事君、立身的具体内容是什么？
2. 分析儒家道德体系的中的"五常"与"孝"的关系。

第三章

仁者爱人 礼义和顺

本章引言

　　党的二十大报告指出："中华优秀传统文化源远流长、博大精深，是中华文明的智慧结晶，其中蕴含的天下为公、民为邦本、为政以德、革故鼎新、任人唯贤、天人合一、自强不息、厚德载物、讲信修睦、亲仁善邻等，是中国人民在长期生产生活中积累的宇宙观、天下观、社会观、道德观的重要体现，同科学社会主义价值观主张具有高度契合性。"①

　　说起中国的传统思想文化，儒家必为首要之谈。儒家思想的核心为"仁"，外在表达则以"礼"为中心。"仁者，人也。"(《中庸》) 这也意味着儒家在思考"仁"这一问题时是与人之根本属性相通的。故其以"仁"为中心，提出了很多关于"修身""为政"以及"教育"等的思想。如在伦理道德方面，强调礼、乐、伦常，提倡父子有亲，夫妇有别，长幼有序，君臣有义，朋友有信，借此来维护社会秩序，使百姓各守其位；在为政方面，强调"仁政"，"为政以德，譬如北辰居其所而众星共之"。

---

① 习近平. 高举中国特色社会主义伟大旗帜　为全面建设社会主义现代化国家而团结奋斗——在中国共产党第二十次全国代表大会上的报告[M]. 北京：人民出版社，2022：18.

学习目标

知识目标：

1. 了解中国传统哲学的主要内容与特征。

2. 了解中国传统哲学的主要流派。

能力目标：

1. 深刻理解中国传统哲学的精神追求。

2. 熟知各个哲学流派并了解其基本观点和代表人物。

素养目标：

1. 透过中国传统哲学，追求更高的精神境界。

2. 体会儒家积极的入世思想和民本精神，树立积极的人生观、价值观。

思维导图

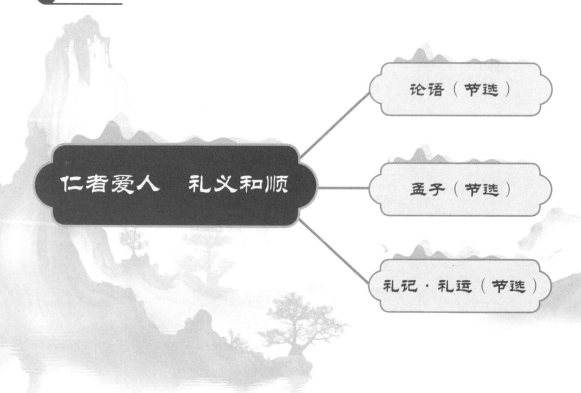

仁者爱人　礼义和顺

论语（节选）

孟子（节选）

礼记·礼运（节选）

论语（节选）

导 读

　　《论语》全书共 20 篇 492 章，通常取开篇前两个字作为篇名；若开篇前两个字是"子曰"，则跳过取句中的前两个字；若开篇三个字是一个词，则取前三个字。每篇包括若干章，数量不等，每章字数也不相同，少则一两句，多则三五行。

　　《论语》是研究孔子及儒家思想尤其是原始儒家思想的第一手资料，是孔门弟子集体智慧的结晶。班固的《汉书·艺文志》认为"《论语》者，孔子应答弟子、时人及弟子相与言而接闻于夫子之语也。当时弟子各有所记，夫子既卒，门人相与辑而论纂，故谓之《论语》"。《文选》也提到"昔仲尼既殁，仲尼之徒追论夫子之言，谓之《论语》"。可见，《论语》的编著者是孔子的弟子及其再传弟子。

　　《论语》一书虽多为语录，但辞约义富，语言简练易懂而又形象生动，用意深远，较为集中地体现了孔子及儒家学派的政治主张、伦理思想、道德观念及教育原则等。

　　孔子出生于公元前 551 年，卒于公元前 479 年，子姓，孔氏，名丘，字仲尼，春秋时期鲁国人。中国古代伟大的思想家、政治家、教育家，儒家学派创始人。作为对中华文化影响深远的圣人之一，孔子在世时就被尊奉为"天纵之圣"，更被后世尊为至圣先师、大成至圣文宣王先师、万世师表。在漫长的历史发展过程中，以孔子为代表的儒家思想对中华民族的文明发展有着重要而深刻的影响。

子曰："君子食无求饱^①，居无求安^②，敏于事而慎于言^③，就^④有道^⑤而正焉，可谓好学也已。"

注释

①求：追求。

②安：安逸舒适。

③敏：敏捷。

④就：靠近。

⑤有道：有道德、有学问的人。

译文

孔子说："君子饮食不求饱足，居住不要求舒适，做事勤奋敏捷，说话谨慎，接近有道德的人，随时匡正自己，这样就可以称得上是好学了。"

或曰^①："以德报怨，何如^②？"子曰："何以报德？以直报怨^③，以德报德。"

注释

①或：有的人。

②何如：怎么样。

③直：正直。

译文

有人问："用恩德来回报怨恨，怎么样？"孔子说："那用什么来回报恩德呢？应该用正直来回报怨恨，用恩德来回报恩德。"

子贡问曰^①："有一言而可以终身行之者乎？"子曰："其恕乎^②！己所不欲，勿施于人^③。"

注释

①子贡：端木赐，孔子的弟子，字子贡，利口巧辞，善于雄辩。

②恕：有推己及物、推己及人之意，即"己所不欲，勿施于人"。

③勿：不要。

译文

子贡问道："有一个可以终身奉行的字吗？"孔子说."大概是'恕'吧！自己不想要的，不要施加给别人。"

子曰："笃信好学^①，守死善道。危邦不入^②，乱邦不居。天下有道则见^③，无道则隐。邦有道，贫且贱焉，耻也；邦无道，富且贵焉，耻也。"

注释

①笃：坚定。

②邦：邦国，指诸侯的封地。

③见（xiàn）：同"现"。

译文

孔子说："坚定地相信我们的道，努力学习它，誓死维护它。不进入危险的国家，不居住在动乱的国家。天下有道，就出来从政；天下无道，就隐居不仕。国家有道，而自己贫穷鄙贱，是耻辱；国家无道，而自己富有显贵，也是耻辱。"

曾子曰①："士不可以不弘②毅③，任重而道远。仁以为己任，不亦重乎？死而后已，不亦远乎？"

注释

①曾子：孔子晚年的学生，名参（shēn），字子舆。

②弘：指襟怀宏大。

③毅：刚毅坚定。

译文

曾参说："有抱负的读书人不可以不襟怀宏大、刚毅坚定，因为他责任重大，道路遥远。把实现'仁'作为自己的责任，难道还不重大吗？奋斗终生，到死方休，难道路程还不遥远吗？"

曾子曰："吾日三省吾身：为人谋而不忠乎①？与朋友交而不信乎？传不习乎②？"

注释

①三省（xǐng）：多次检查反省。

②传：老师讲授的功课。

译文

曾参说："我每天多次检查反省自己：替别人办事是不是尽心竭力了呢？与朋友交往是不是诚实守信了呢？对老师传授的功课，是不是用心反复练习了呢？"

子夏①曰："贤贤易色②，事父母，能竭其力，事君，能致其身③，与朋友交，言而有信；虽曰未学，吾必谓之学矣。"

注释

①子夏：姓卜，名商，字子夏，孔子的学生，以文学著称。

②贤贤：第一个"贤"字作动词用，尊重的意思。贤贤即尊重贤者。

③致：奉献，尽力。

（译文）

　　子夏说："尊重贤德的人，看到贤德的人他就肃然起敬；侍奉父母，能够竭尽全力；服侍君主，能够献出自己的生命；同朋友交往，说话诚实、恪守信用；这样的人，即使他自己说没有学过什么，我也一定要说他已经学习过了。"

　　有子曰："礼之用，和为贵。先王之道①，斯为美，小大由之。有所不行，知和而和，不以礼节之，亦不可行也。"

（注释）

　　①先王之道：指的是古代圣王治国之道。

（译文）

　　有若说："礼的功用，以遇事做得恰当和顺为可贵。以前的圣明君主治理国家，最可贵的地方就在这里，他们做事，无论事大事小，都按这个原则去做。如遇到行不通的，仍一味地追求和顺，却并不用礼法去节制它，也是行不通的。"

　　子曰："里仁为美①，择不处仁，焉得知②？"

（注释）

　　①里：居住。

　　②知：同"智"。

（译文）

　　孔子说："居住在有仁风的地方才好。选择住处，不居住在有仁风的地方，怎能说是明智呢？"

　　子曰："唯仁者能好人①，能恶人②。"

（译文）

　　①好（hào）：爱好。

　　②恶（wù）：厌恶。

（译文）

　　孔子说："只有讲仁爱的人，才能够正确地喜爱某人、厌恶某人。"

子曰："苟志于仁矣，无恶也。"

译文

孔子说："如果立志追求仁德，就不会去做坏事。"

子曰："富与贵，是人之所欲也；不以其道得之，不处也。贫与贱，是人之所恶也；不以其道得之，不去也。君子去仁，恶乎成名①？君子无终食之间违仁，造次必于是②，颠沛必于是③。"

注释

①恶（wū）乎：怎样。

②造次：急促，仓促。

③颠沛：用以形容人事困顿，社会动乱。

译文

孔子说："富有与显贵，是每个人都向往的；但是，以不正当的手段得到它们，君子不享受。贫困和卑贱，是人们所厌恶的；但是，不通过正当的途径摆脱它们，君子是不会摆脱的。君子背离了仁的准则，怎么能够成名呢？君子不会有吃一顿饭的时间离开仁德，即使在匆忙紧迫的情况下也一定要遵守仁的准则，在颠沛流离的时候也和仁同在。"

子曰："人之过也，各于其党①。观过，斯知仁矣②。"

注释

①党：类别。

②斯：则，就。仁：通"人"。

译文

孔子说："人们所犯的错误，类型不一。所以观察一个人所犯错误的性质，就可以知道他的为人。"

子曰："士志于道，而耻恶衣恶食者，未足与议也。"

译文

孔子说："读书人立志于追求真理，但又以穿破衣、吃粗糙的饭食为耻，这种人就不值得和他谈论真理了。"

子曰："君子怀德，小人怀土；君子怀刑，小人怀惠。"

译文

孔子说："君子心怀的是仁德，小人则关注土地；君子关心的是刑罚和法度，小人则关心私利。"

子曰："放①于利②而行，多怨。"

注释

①放：或译为纵，谓纵心于利也；或释为依据，今从后说。

②利：这里指个人利益。

译文

孔子说："如果依据个人的利益去做事，就会招致很多的怨恨。"

子曰："不患无位，患所以立；不患莫己知，求为可知也。"

译文

孔子说："不愁没有职位，只愁没有足以胜任职务的本领；不愁没人知道自己，应该追求能使别人知道自己的本领。"

知识链接

　　"仁"是儒家学说的核心概念。《论语》中"仁"的内涵是非常丰富的。"仁"的首要含义即"爱人"。樊迟问仁，子曰："爱人。"儒家的"爱人"是"泛爱众"。除此以外，颜渊问仁。子曰："克己复礼为仁。""克己复礼"指克制自己的私欲，使言行举止合乎礼节。

　　孔子生活的时代礼崩乐坏，孔子提出"复礼"的行为要求。礼，使道德变得可以操作，可以践行，也使仁的内在品质有了评判的外在依据。《论语·颜渊》："非礼勿视，非礼勿听，非礼勿言，非礼勿动。"这是为仁的四条细则。即无论是视、听、言、动，都要以礼为准则。如果人们都能够依礼行事、非礼不行，那么人们就会在不知不觉中提升自己的人格，从而成为一个"仁者"。

探究活动

1. 试论《论语》中的君子品德。

2. 浅谈孔子"忠恕"的思想及其意义。

导 读

　　孟子（前372—前289），名轲，字子舆，战国时期儒家思想代表人物之一，与孔子并称"孔孟"，邹国（今山东邹城）人。孟子的地位仅次于孔子，对儒家学说的继承与发展，产生了深远的影响，是中国古代著名的思想家、哲学家、政治家、教育家。

　　孟子的思想集中反映在《孟子》一书中。孟子思想的核心是"性善"和"良知"。他认为人生来就有四个"善端"，即"恻隐之心，仁之端也；羞恶之心，义之端也；辞让之心，礼之端也；是非之心，智之端也"。

　　在政治思想方面，孟子继承和发展了孔子"仁者爱人"的思想，认为治理国家要推行"仁政"，提出"民为贵，社稷次之，君为轻"，建立了以"民本"为基础的政治思想体系。在人格精神方面，他提出"居天下之广居，立天下之正位，行天下之大道。得志，与民由之；不得志，独行其道。富贵不能淫，贫贱不能移，威武不能屈，此之谓大丈夫。"

　　《孟子》一书气势充沛，感情洋溢，逻辑严密；既滔滔雄辩，又从容不迫，用形象化的事物与语言说明复杂的道理，对后世散文影响深远。

鱼，我所欲也；熊掌，亦我所欲也^①。二者不可得兼^②，舍鱼而取熊掌者也^③。生，亦我所欲也；义，亦我所欲也。二者不可得兼，舍生而取义者也。生亦我所欲，所欲有甚于生者^④，故不为苟得也^⑤；死亦我所恶^⑥，所恶有甚于死者，故患有所不辟也^⑦。如使人之所欲莫甚于生^⑧，则凡可以得生者何不用也^⑨？使人之所恶莫甚于死者，则凡可以辟患者何不为也^⑩？由是则生而有不用也，由是则可以辟患而有不为也。是故所欲有甚于生者，所恶有甚于死者^⑪。非独贤者有是心也^⑫，人皆有之，贤者能勿丧耳。

注释

①亦：也。欲：喜爱，喜欢。

②得兼：两种东西都得到。

③舍：舍弃。取：选取。

④甚：胜于。于：比。

⑤故：所以，因此。苟得：苟且取得，这里是"苟且偷生"的意思。

⑥恶：厌恶。

⑦患：祸患，灾难。辟：通"避"，逃避，躲避。

⑧如使：假如，假使。莫：没有。

⑨则：那么。凡：凡是，一切。得生：保全生命。

⑩为：做。

⑪是故：因此。

⑫非独：不只，不仅。是：此，这样。

译文

鱼是我所想要的，熊掌也是我所想要的，如果这两种东西不能同时得到，那么我宁愿舍弃鱼而选取熊掌。生命是我所想拥有的，正义也是我所想拥有的，如果不能同时拥有这两样东西，那么我就舍弃生命而选取大义。生命是我所想拥有的，但是还有比生命更想拥有的东西，所以我不做苟且偷生的事；死亡是我所厌恶的，但是还有比死亡更厌恶的事情，所以我不愿意因此而躲避灾祸。如果人们想要得到的东西没有比生命更重要，那么一切可以保全生命的方法，又有什么不能采用呢？如果人们所厌恶的事情没有超过死亡的，那么凡是能够用来逃避灾祸的手段，有什么不可以用呢？采用某种手段就能够活命，可是有的人却不肯采用；采用某种办法就能够躲避灾祸，可是有的人却不肯采用。由此可见，他们有比生命更宝贵的东西；他们所厌恶的，有比死亡更厌恶的事情。这种思想不仅仅贤人有，每个人都有，只不过贤人能坚守而不丢失它罢了。

一箪食^①，一豆羹^②，得之则生^③，弗得则死^④。呼尔^⑤而与之^⑥，行道之人弗受^⑦；蹴尔而与之^⑧，乞人不屑也。万钟^⑨则不辩^⑩礼义而受之，万钟于我何加焉^⑪！为宫室之美，妻妾之奉，所识穷乏者^⑫得^⑬我与？乡为身死而不受^⑭，今为宫室之美为之；乡为身死而

不受，今为妻妾之奉为之；乡为身死而不受，今为所识穷乏者得我而为之，是亦不可以已乎⑮？此之谓失其本心⑯。

注释

①箪（dān）：古代盛食物的圆竹器。

②豆：古代一种食器。

③得：得到。则：就。

④弗：不。

⑤呼尔：没有礼貌地呼喝。

⑥与之：给他（吃喝）。《礼记·檀弓》记载，有一年齐国出现了严重的饥荒。黔敖在路边施粥，有个饥饿的人用衣袖蒙着脸走来。黔敖吆喝着让他吃粥。他说："我正因为不吃被轻蔑施舍得到的食物，才落得这个地步！"

⑦行道之人：（饥饿的）过路的行人。

⑧蹴尔：用脚踢。

⑨万钟：这里指优厚的厚禄。钟：古代的一种量器，六斛四斗为一钟。

⑩辩：同"辨"，辨别。

⑪何加：有什么益处。加：增加。

⑫穷乏者：穷困贫苦人。

⑬得：同"德"，恩惠，这里是感激的意思。

⑭乡：原先，从前。

⑮已：停止。

⑯本心：本性。

译文

　　一碗饭，一碗汤，吃了就能活下去，不吃就会饿死。可是轻蔑地呼喝着给别人吃，路过的饥民也不会接受；用脚踢着给别人吃，乞丐也不愿意接受。有些人不管是否合乎礼义就接受高官厚禄。这样，高官俸禄对我有什么好处呢？是为了华丽的住宅、妻妾的侍奉和我所认识的穷人感激我吗？过去（为了礼义）宁可舍去生命不肯接受施舍，现在有人为了华丽的住宅而接受了；过去（为了礼义）宁可舍去生命不肯接受施舍，现在有人却为了得到妻妾的侍奉而接受了；过去（为了礼义）宁可舍去生命不肯接受施舍，现在有人却为了让认识的穷人感激自己而接受了它。这种行为难道不停止吗？这就叫作丧失了人的本性。

知识链接

　　孟轲，驺（邹）人也。受业子思之门人。道既通，游事齐宣王，宣王不能用。适梁，梁惠王不果所言，则见以为迂远而阔于事情。当是之时，秦用商君，富国强兵；楚、魏用吴起，战胜弱敌；齐威王、宣王用孙子（膑）、田忌之徒，而诸侯东面朝齐。天下方务于合纵连横，以攻伐为贤，而孟轲乃述唐、虞、三代之德，是以所如者不合。退而与万章之徒序《诗》《书》，述仲尼之意，作《孟子》七篇。

　　　　　　　　　　　　　　　——司马迁《孟子荀卿列传》

探究活动

　　1. 孟子强调道德修养，追求真理正义，他曾提出"养浩然正气"。这对现代社会发展是否有用，为什么？

　　2. 孟子对孔子"仁"的观点有哪些继承和发展？

礼记·礼运

（节选）

导读

　　《礼记》，原有《大戴礼记》与《小戴礼记》。《小戴礼记》即常说的《礼记》，据传为孔子的七十二弟子及其学生们所作，西汉戴圣所编。《汉书》："《记》百三十一篇，七十子后学所记。"《礼记》共四十九篇。自东汉郑玄作"注"后，《礼记》地位日升，至唐代时尊为"经"，宋代以后位"三礼"之首。在儒家"十三经"中，《礼记》一书最集中、最全面、最系统地记述、阐释了儒家思想学说的核心内容。

　　《礼记·礼运》中，孔子与其弟子子游以答问的形式提出了著名的"大同"社会理想，并进而说明"天下为公"是大同社会的特征，而礼制则是"小康"社会的纲纪，影响了中国近代社会政治建设。

　　《礼记》较为完整地反映了先秦至两汉时期的社会政治文化背景和家庭结构状况，并且对家庭成员之间的关系和行为规范进行了详细解读，形成的独具特色的家庭伦理规范，指导着当代伦理道德。我国当代许多大学的校训就是从《礼记》中借用的，如"明德新民，止于至善""自强不息，止于至善""博学而笃志，切问而近思"等，这些校训影响着大学的办学理念和价值取向，影响着当代文化教育和德性教养。

昔者仲尼与于蜡宾^①，事毕，出游于观之上^②，喟然而叹^③。仲尼之叹，盖叹鲁也^④。言偃在侧曰^⑤："君子何叹？"孔子曰："大道之行也^⑥，与三代之英^⑦，丘未之逮也^⑧，而有志焉。"

注释

①蜡宾：蜡指年末之时进行的隆重的祭祀活动，又叫蜡祭。宾指陪祭人，以国中有地位的人充任。

②观：指的是古代在宗庙门外的楼。

③喟然：深深地感叹。

④鲁：鲁国。

⑤言偃：字子游，吴国人，孔子弟子。

⑥大道：指上古帝王所遵行的礼乐准则。

⑦三代：：指夏、商、周三代。

⑧逮：赶上。

译文

从前，孔子曾被邀请参加蜡祭，祭祀结束后，他出来在宗庙门外的楼台上游览，不觉感慨长叹。孔子的感叹，大概是感叹鲁国的现状。言偃伴随在侧，问道："老师为什么叹气？"孔子说："大道实行的时代和夏、商、周三代英明圣主当政的时代，我都未能赶上，可是我心之所向！"

大道之行也，天下为公^①。选贤与能^②，讲信修睦^③。故人不独亲其亲^④，不独子其子^⑤，使老有所终^⑥，壮有所用^⑦，幼有所长^⑧，矜寡孤独废疾者皆有所养^⑨。男有分^⑩，女有归^⑪。货恶其弃于地也，不必藏于己；力恶其不出于身也，不必为己。是故谋闭不兴，盗窃乱贼而不作^⑫，故外户而不闭^⑬，是谓大同^⑭。

注释

①天下为公：天下是天下人的天下。

②选贤与能：选拔贤能的人，推举有能力的人。

③讲信修睦：讲究信用，谋求和睦。

④亲其亲：敬奉自己的父母。

⑤子其子：意思是抚育自己的子女。

⑥有所终：有善终。

⑦有所用：有用处。

⑧有所长：使成长。

⑨矜寡孤独废疾：矜，同"鳏"，老而无妻；寡，老而无夫；孤，幼而无父；独，老而无子；废疾，残废的人。

⑩分：职分。

⑪归：女子出嫁。

⑫作：发生。

⑬闭：关闭。

⑭大同：儒家的理想社会。

（译文）

　　大道实行的时代，是以天下为大家所共有的。选拔贤能的人，推举有能力的人，人人讲究信用，谋求和睦。因此人们不仅仅只敬奉自己的父母，不仅仅只抚育自己的儿女，要让老年人都得以善终，颐养天年，壮年人能为社会效力，让年幼的人有健康成长的环境，得到良好的教育，让那些老而无妻的人、老而无夫的人、幼而无父的人、老而无子的人和身有残疾的人都能够得到社会的供养。男人都有各自的职务，女人都能有自己的归宿。不把财物浪费在无意义的事情上，也不把财物占为己有。嫌恶不肯尽力的行为，竭尽全力而不一定是为自己谋利。因此，阴谋诡计就不会发生，盗窃暴力行为也不会出现，因此住宅的大门都不用关闭了，这就叫做"大同"社会。

　　今大道既隐①，天下为家②。各亲其亲，各子其子，货力为己；大人世及以为礼③，城④郭⑤沟池以为固，礼义以为纪⑥，以正君臣⑦，以笃父子⑧，以睦兄弟⑨，以和夫妇⑩，以设制度，以立田里⑪，以贤勇知，以功为己。故谋用是作⑫，而兵由此起⑬。禹、汤、文、武、成王、周公，由此其选也。此六君子者，未有不谨于礼者也。以著其义⑭，以考其信⑮，著有过，刑仁讲让⑯，示⑰民有常⑱。如有不由此者，在执者去⑲，众以为殃⑳，是谓小康㉑。

（注释）

①隐：消失。

②天下为家：天下成为一人之家。

③大人：指诸侯。

④城：内城。

⑤郭：外城。

⑥纪：纪纲，法则。

⑦正君臣：使君臣关系正常。

⑧笃父子：使父子关系深厚。

⑨睦兄弟：使兄弟关系和睦。

⑩和夫妇：使夫妇关系和谐。

⑪田里：阡陌闾里。

⑫用是：由此。

⑬兵：战争。

⑭著：显露。

⑮考：完成，成全。

⑯刑：范式，典范。

⑰示：教导，指示。

⑱常：规范，规律。

⑲去：辞去，驱逐。

⑳殃：祸害。

㉑小康：儒家所说的比"大同"理想较低的社会。

译文

如今大道既已衰微，天下成为一家的财产，人们各自只敬奉自己的双亲，各自只抚育自己的子女，财货、劳力都是为自己。诸侯以世袭作为名正言顺的礼制，还修建城郭沟池作为坚固的防守。把礼义作为纲纪，用来确定君臣关系，使父子关系亲厚，使兄弟关系和睦，使夫妻关系和谐，设立制度，划分田地和住宅，尊重勇气和智慧的人；建立功绩作为个人所有。于是阴谋诡计就跟着发生，战争也由此产生了。禹、汤、文王、武王、成王、周公，由此成为三代中的杰出人物。这六位君子，没有不谨慎尊崇奉行礼的。他们明确礼的内涵，成全人们讲信用的事情，揭露有过错的事，把仁爱确立为典范，提倡礼让，教导指示人们要遵循固定的规范。如果有越轨的反常行为，即使是有权势的人也要被罢黜，百姓也会把他看成祸害。这种社会就叫做小康。

言偃复问曰："如此乎礼之急也？"孔子曰："夫礼，先王以承天之道，以治人之情，故失之者死，得之者生。诗曰：'相鼠有体，人而无礼。人而无礼，胡不遄①死？'是故夫礼，必本于天，殽于地②，列于鬼神③，达于丧祭射御、冠昏朝聘④。故圣人以礼示之，故天下国家可得而正也。"

注释

①遄：立即，马上。

②殽：与"效"同，仿效的意思。

③列：使……有顺序。

④达：表现，显现。

译文

言偃又问道："礼难道真的就如此重要吗？"孔子说："礼，是先王用来遵循天道，用来治理人世间的，所以失去礼就会死亡，得到礼就能生存。《诗经》上说：'你看老鼠尚且还有形体，做人怎能没有礼呢。如果做人没有礼，还不如马上去死！'所以，这个礼，一定是本源来自于天，效法于地，参验于鬼神，在葬礼、祭礼、射礼、乡饮酒礼、冠礼、婚礼、觐礼、聘礼之中显现。所以圣人用礼来教导天下，因此天下才能够走上正道。"

"故圣人耐以天下为一家^①，以中国为一人者，非意之也，必知其情，辟于其义^②，明于其利，达于其患，然后能为之。何谓人情^③? 喜、怒、哀、惧、爱、恶、欲，七者弗学而能。何谓人义^④? 父慈、子孝、兄良、弟弟、夫义、妇听、长惠、幼顺、君仁、臣忠^⑤，十者谓之人义。讲信修睦，谓之人利，争夺相杀，谓之人患。故圣人之所以治人七情，修十义，讲信修睦，尚辞让，去争夺，舍礼何以治之? 饮食男女，人之大欲存焉；死亡贫苦，人之大恶存焉。故欲恶者，心之大端也^⑥。人藏其心，不可测度也。美恶皆在其心，不见其色也，欲一以穷之，舍礼何以哉?"

注释

①耐：能。

②辟：明白。

③人情：指人的本性。

④人义：指人的伦理准则。

⑤弟：通"悌"，指敬爱兄长。

⑥大端：指主要的部分，重要的端绪。孔颖达疏："端谓头绪。"

译文

"因此圣人能够把全天下治理得好像是一家人，全天下的百姓就像是一个人，并不是凭借主观臆想，而是要了解人情，洞晓人义，明白人利，熟知人患，这样之后才能做到。什么叫作人情? 喜、怒、哀、惧、爱、恶、欲，这七种不学就会的感情就是人情。人义是什么? 父亲慈爱，儿子孝敬，兄长和悦，幼弟恭顺，丈夫守义，妻子听从，长者惠下，幼者顺上，君主仁慈，臣子忠诚十个方面就是人义。讲究诚信，维持和睦，就叫人利。互相争夺残杀，叫作人患。圣人要想治理人的七情，维护十种人义，讲究信用和睦，崇尚谦让，消除争夺，除了礼还有什么能治理呢? 饮食男女是人最大的欲望；死亡贫苦，是人最大厌恶的存在。欲和恶就是人们最重要的部分。人们隐藏自己的心思，不可猜测揣度。美好或丑恶都藏在心里，从外表根本看不出来，想要弄明白，除了礼以外还有其他的方法吗?"

"故先王患礼之不达于下也。故祭帝于郊，所以定天位也；祀社于国，所以列地利也；祖庙，所以本仁也；山川，所以傧鬼神也^①；五祀，所以本事也。故宗祝在庙^②，三公在朝，三老在学，王前巫而后史，卜筮瞽侑^③，皆在左右。王中，心无为也，以守至正。故礼行于郊，而百神受职焉；礼行于社，而百货可极焉；礼行于祖庙，而孝慈服焉；礼行于五祀，而正法则焉。故自郊社、祖庙、山川、五祀，义之修而礼之藏也。"

注释

①傧：接待，招待。

②宗祝：宗伯和太祝，掌管天子宗庙之礼。

③瞽（gǔ）：乐师。

译文

"先王担心礼教不能普及于下民，所以在郊野祭祀上帝，以此表明天是至高无上的；又祭土神于国内，借以昭示大地为人提供各种便利；在庙中祭祖，以这样的方式昭告百姓实行仁道；又祭祀山川，以昭告对待神灵要心怀敬意；举行五祀，以这样的方式昭示各种制度的来源。所以，天子在宗庙中有宗祝在一旁协助；朝堂之上有三公辅佐；在太学中三老提出建议；在天子的身边，前有掌理神事的巫，后有负责记录言行的史，负责占卜、奏乐、规谏的官员，在天子两侧，天子处于中央，不需要多用心思，只需恪守中正之道就行了。因此，在郊野举行祭天仪式，天上众神就会各司其职；祭地于国，地上各种资源都可以充分利用起来；在庙中祭祖，孝慈之道就会被人们接受；以礼举行五祀之祭，各种法则制度就会端正。所以，祭天、祭地、祭祖、祭山川、祭五祀，都是义的外在表现和礼的内在本质。"

知识链接

"为天地立心，为生民立命，为往圣继绝学，为万世开太平"是北宋理学大师张载的名言，言简意宏，代表了历代中国知识分子的理想追求。

张载（1020—1077），字子厚，祖籍大梁（今河南开封），生于长安（今陕西西安），后在凤翔郿县（今陕西眉县）横渠镇定居、讲学，世称"横渠先生"。因此，这四句话又被当代哲学家冯友兰先生称为"横渠四句"。

叶采解："天地以生生为心，圣人参赞化育，使万物各正其性命，此为天地立心也；建明义理，扶植纲常，此为生民立道也；继绝学，谓缵述道统；开太平，谓有王者起，必取法利泽，垂于万世。"

为天地确立起生生之心，遵循儒家精神文化的倡导，每个人都应有的道德自觉与精神境界，并主动与天地万物融为一体的大宇宙情怀和生命共同体意识。为天下百姓提供安身立命的精神家园，指明一条共同遵行的大道，确立道德秩序和人生方向以及共同的社会价值准则。儒家知识分子继承圣人的学问，通过"道统"的传承和发扬，完成文化传承以及知识分子经世济民的入世责任。

探究活动

　　1. 理解"天下为公"的主旨，并谈论其对自己的人生目标有什么启发。

　　2. 本篇"大同社会"的特征是什么，结合我们对美好生活的向往，谈谈你的认识。

第四章

雅正中和　温柔敦厚

本章引言

中华民族以"礼乐仁义"为核心的儒学文化系统，奠定了我国成为"礼乐之邦"的基础。以礼乐文化为代表的雅正中和之道，是中华优秀传统文化的精髓所在。《诗经》自产生之日起，就被纳入礼乐教化的体系，肩负起了社会教化的重任，是礼乐教化的重要载体。以《诗经》教人，"其为言既易知"，"其感人又易入"，故而可以取得良好的教化效果，正如《诗大序》的评价，"正得失，动天地，感鬼神，莫近于诗"。

《诗经》中蕴含着许多经世济民、温柔敦厚的精神，孔子将《诗经》教化的目的和效果概括为："其为人也，温柔敦厚，《诗》教也。"孔子以"斯文在兹"的担当精神肩负起保存礼乐文化、传承礼乐教化传统的重任，用"温柔敦厚"的诗教精神使人民的思想得到教育，精神面貌端庄严肃，品德行为规矩有序，人心中和雅正归于正途。礼乐文化在数千年的文化实践中，早已成为中华民族的精神命脉和文化标识。

知识目标:

1. 了解《诗经》的内容及其所反映的社会生活。
2. 了解《诗经》的相关名词、概念。

能力目标:

1. 深刻领会《诗经》中包含的中华文化的基因以及其中蕴藏的温柔敦厚的民族精神。
2. 领悟《诗经》体现的雅正中和思想在传统文化中的教育作用。

素养目标:

1. 领会中华文化的博大精深,感受深厚的爱国主义情怀。
2. 体会《诗经》的教化作用,培养雅正中和的审美情操。

思维导图

雅正中和　温柔敦厚

诗经·卫风·淇奥

诗经·小雅·采薇

导 读

　　《诗经》，又叫《诗》或《诗三百》，是中国最早的诗歌总集。收录了从西周初年至春秋中叶的诗歌，共305篇。西汉时被尊为儒家经典，始称《诗经》，并沿用至今。《诗经》是周王朝由盛而衰五百年间中国社会生活面貌的形象反映。是中国现实主义诗歌的源头，具有强烈深厚的艺术魅力。孔子曾说"《诗》三百，一言以蔽之，曰：思无邪。"

　　《诗经》在内容上分为"风""雅""颂"3个部分。

　　"风"是周代各地的歌谣，包括15个地方的民歌，是《诗经》中最精华的部分。其中有对爱情、劳动等美好事物的吟唱，也有怀恋故土、思念征人及反对压迫与欺凌的怨叹愤怒，常用复沓的手法来反复咏叹。

　　"雅"是周人的正声雅乐，又分《小雅》和《大雅》，多为贵族祭祀之诗歌，祈丰年、颂祖德。《大雅》的作者是贵族文人，但对现实政治有所不满，除了宴会乐歌、祭祀乐歌和史诗外，也写出了一些反映人民愿望的讽刺诗。

　　"颂"是周王庭和贵族宗庙祭祀的乐歌，分为《周颂》《鲁颂》和《商颂》。

　　《诗经》在表现手法上分为"赋""比""兴"。赋就是铺陈直叙，即是人把思想感情及其有关的事物平铺直叙地表达出来。比就是类比，对人或物加以形象的比喻，使其特点更鲜明。兴就是先言他物以引起所咏之词。

瞻彼淇①奥②，绿竹猗猗③。有匪君子④，如切如磋⑤，如琢如磨⑥。瑟⑦兮僩⑧兮，赫⑨兮咺⑩兮。有匪君子，终不可谖兮⑪。

（注释）

①淇：淇水，源出河南林县，东经淇县流入卫河。

②奥（yù）：河岸弯曲、水流回转的地方。

③猗（yī）猗：长而美貌。

④匪：通"斐"，有文采的样子。

⑤切、磋：治骨曰切，象牙曰磋。切磋：本义是加工玉石骨器，后引申为讨论研究学问。

⑥琢、磨：玉曰琢，石曰磨。琢磨：本义是玉石骨器的精细加工，引申为在学问道德上钻研深究。

⑦瑟：仪容庄重。

⑧僩（xiàn）：神态威严。

⑨赫：显赫。

⑩咺（xuān）：有威仪的样子。

⑪谖（xuān）：忘记。

（译文）

看那淇水弯弯的地方，碧绿的竹林多么修长美好。那位高雅有文采的君子啊，德行学问就像治骨打磨象牙一样精湛，又像雕琢玉石骨器一样精细。他神态庄重，胸怀宽广，地位显赫很威严。高雅有文采的君子啊，让人一见就难以忘怀。

瞻彼淇奥，绿竹青青。有匪君子，充耳①琇莹②，会弁如星③。瑟兮僩兮，赫兮咺兮。有匪君子，终不可谖兮。

（注释）

①充耳：挂在冠冕两旁的饰物，下垂至耳，一般用玉石制成。

②琇（xiù）莹：似玉的美石，宝石。

③会弁（biàn）：鹿皮帽。会：鹿皮会合处。

（译文）

看那淇水弯弯的地方，茂密的竹林青翠欲滴。那位高雅有文采的君子啊，美丽的良玉垂在耳边，鹿皮帽上缀着的宝石就好像星光一般闪耀。他神态庄重，胸怀宽广，地位显赫很威严。高雅有文采的君子啊，让人一见就难以忘怀。

瞻彼淇奥，绿竹如箦①。有匪君子，如金如锡②，如圭如璧③。宽兮绰兮④，猗⑤重较⑥兮。善戏谑兮⑦，不为虐兮⑧。

注释

① 箦（zé）：形容茂盛。

② 金、锡：黄金和锡，一说铜和锡。

③ 圭璧：圭，玉制礼器，长方形的玉，上尖下方，在举行隆重仪式时使用；璧，玉制礼器，正圆形，中有小孔。

④ 绰：旷达，温和。

⑤ 猗（yǐ）：通"倚"。

⑥ 重较：古代车上供人扶靠的横木。

⑦ 戏谑：开玩笑，言谈风趣。

⑧ 虐：粗暴。

译文

那淇水弯弯的地方，碧绿的竹林多么茂密美好。那位高雅有文采的君子啊，就像黄金和锡箔一样珍贵，像玉制礼器圭璧一样庄严肃穆。他宽宏大量，胸怀旷达，倚靠车耳驰向前。谈吐风趣、诙谐幽默，不会有粗暴的行为。

知识链接

闻一多先生曾在《文学的历史动向》中这样说过《诗经》产生的历史意义："（《诗经》的产生）便预告了他以后数千年文学发展的路线。《三百篇》的时代，确乎是一个伟大的时代，我们的文化大体上是从这一刚开端的时代就定型了。文化定型了，文学也定型了，从此以后二千年间，诗——抒情诗，始终是我国文学正统的类型。……赋、词、曲，是诗的支流；一部分散文，如赠序、碑志等，是诗的副产品；而小说和戏剧又往往以各自不同的方式夹杂些诗。诗，不但支配了整个文学领域，还影响了造型艺术，它同化了绘画，又装饰了建筑（如楹联、春帖等）和许多工艺美术品。"

中国古典戏曲的发展历程

《诗经》对后世的影响还在于被孔门和汉儒们借此所阐发的一系列关于诗的解释和理论，这就是"诗言志""美刺""比兴"以及"温柔敦厚"的诗教。《诗经》具有丰富的文化内容和文化意蕴，是我国古代文明的载体，是一部古代文化的百科全书。

传统戏曲特色

探究活动

1. 孔子在《礼记·经解》中说："入其国，其教可知也。其为人也，温柔敦厚，《诗》教也。""其为人也，温柔敦厚而不愚，则深于《诗》者也。"文中的"温柔敦厚"包含的内涵是什么？

2.《诗经》的中和之美既可体现人物的风度气质温文尔雅，性格宽厚平和，也可以指文学作品的风格。试举例分析。

盛唐的诗人群体　　唐诗的繁荣

古代的战场

导 读

  《采薇》是《诗经·小雅》中的一篇，根据它的内容和其他历史记载的考订，大约是周宣王时期的作品。周代北方的猃狁（即后来的匈奴）已十分强悍，经常入侵中原，历史上有不少周天子派兵戍守边外和命将士出兵打败猃狁的记载。

  《诗集传》提到当时的兵役制度以二年为期限，可是本诗中战士的服役却没有期限，士兵归家变得遥遥无期，自然引起征卒的不满和对家乡强烈的思念。全篇都是围绕着这种基调叙写的。

  全诗六章，每章八句。前五章着重写戍边征战生活的艰苦、强烈的思乡情绪以及久久未能回家的原因，从中透露出士兵既有御敌胜利的喜悦，也深感征战之苦，流露出期望和平的心绪；末章以痛定思痛的抒情结束全诗，感人至深。这首诗运用了重叠的句式与比兴的手法，集中体现了《诗经》的艺术特色。

  尤其末章开头四句，抒写当年出征和此日生还这两种特定时刻的景物和情怀，言浅意深，情景交融，是《诗经》中广为传诵的名句。王夫之评论说："以乐景写哀，以哀景写乐，一倍增其哀乐。"方玉润在《诗经原始》中也评说："此诗之佳，全在末章：真情实景，感时伤事，别有深情，非可言喻，故曰'莫知我哀'。不然，凯奏生还，乐矣，何哀之有耶？"

采薇采薇，薇亦作止①。曰归曰归②，岁亦莫止③。靡室靡家④，猃狁之故⑤。不遑启居⑥，猃狁之故。

注释

①作：指薇菜冒出地面。止：句末助词，无实义。

②曰：句首、句中助词，无实义。

③莫（mù）：通"暮"，此指年末。

④靡（mǐ）室靡家：没有正常的家庭生活。靡：无。室：与"家"义同。

⑤猃（xiǎn）狁（yǔn）：中国古代少数民族名。

⑥不遑（huáng）：不暇。遑：闲暇。启居：跪、坐，指休息、休整。

译文

薇菜啊薇菜，你发芽了。天天说我们该回家了，但到了年末仍不能实现。我们顾不上家室，因为猃狁入侵之故。我们连好好坐一会儿也来不及，也是因为要和猃狁打仗。

采薇采薇，薇亦柔止①。曰归曰归，心亦忧止。忧心烈烈②，载饥载渴③。我戍未定④，靡使归聘⑤。

注释

①柔：柔嫩。指刚长出来的薇菜柔嫩的样子。

②烈烈：炽烈，形容忧心如焚。

③载（zài）饥载渴：又饥又渴。载：又。

④戍：防守，这里指防守的地点。

⑤聘（pìn）：问候的音信。

译文

又到了采薇的时候，薇叶长大了，枝叶柔嫩。这下总该回家了吧，心里的忧伤如此炽烈，为战事奔波饥渴交加，我们的驻地未定，没有人能替我们把信带回家。

采薇采薇，薇亦刚止①。曰归曰归，岁亦阳止②。王事靡盬③，不遑启处④。忧心孔疚⑤，我行不来⑥！

注释

①刚：坚硬。

②阳：农历十月，小阳春季节。今犹言"十月小阳春"。

③盬（gǔ）：止息，了结。

④启处：休整，休息。

⑤孔：甚，很。疚：病，苦痛。

⑥我行不来：我不能回家。

译文

薇菜长得粗壮刚健了。这下该回家了吧,已是阳春十月了。可是王事没完,没法闲暇。忧伤的心情多么痛苦,生怕从此不能回家!

彼尔维何?维常之华①。彼路斯何②?君子之车③。戎车既驾④,四牡业业⑤。岂敢定居⑥?一月三捷⑦。

注释

①常:常棣,即棠棣,植物名。

②路:高大的战车。斯何:犹言维何。斯:语气助词,无实义。

③君子:指将帅。

④戎:车,兵车。

⑤牡:雄马。业业:高大的样子。

⑥定居:犹言安居。

⑦捷:胜利。

译文

那盛开的花是什么?是棠棣之花。那高大的车是谁的?那是将士的军车。兵车既已驾起,战马高大雄健。战事频繁,军队又要迁徙,岂敢定居?一个月战事多次胜利。

驾彼四牡,四牡骙骙①。君子所依,小人所腓②。四牡翼翼③,象弭鱼服④。岂不日戒⑤?猃狁孔棘⑥!

注释

①骙(kuí):雄强,威武。这里的骙骙是指马强壮的意思。

②小人:指士兵。腓(féi):庇护,掩护。

③翼翼:整齐的样子,这里指马训练有素。

④象弭(mǐ):以象牙装饰弓端的弭。弭:弓的一种,其两端饰以骨角。一说弓两头的弯曲处。鱼服:鲨鱼鱼皮制的箭袋。

⑤日戒:每天警惕戒备。

⑥棘(jí):急,紧急。

译文

驾着四匹高大的公马,将军们坐在战车上,步兵们也靠战车来掩护。战马威武雄健,兵士手中的象骨雕弓和鱼皮箭袋时时佩在身边。猃狁的侵略如此强大猖狂,怎能不每天都加强戒备呢?

昔我往矣①，杨柳依依②。今我来思③，雨雪霏霏④。行道迟迟⑤，载饥载渴。我心伤悲，莫知我哀！

注释

①昔：从前，文中指出征时。往：当初从军。

②依依：形容柳丝轻柔、随风摇曳的样子。

③思：用在句末，没有实在意义。

④雨（yù）雪：下雪。雨：这里作动词。霏（fēi）霏：雪花纷落的样子。

⑤迟迟：迟缓的样子。

译文

回想当初出征时，杨柳依依随风吹。如今回来路途中，大雪纷纷满天飞。道路泥泞难行走，又饥又渴真劳累。满心伤感满腔悲，我的哀痛谁能体会！

知识链接

古人称隐居山林为"采薇"，源自《史记·伯夷列传》："武王已平殷乱，天下宗周，而伯夷、叔齐耻之，义不食周粟，隐于首阳山，采薇而食之。及饿且死，作歌。其辞曰：'登彼西山兮，采其薇矣。以暴易暴兮，不知其非矣。神农、虞、夏忽焉没兮，我安适归矣？于嗟徂兮，命之衰矣！'遂饿死于首阳山。"

伯夷、叔齐隐居山野，采薇充饥，不食周粟，临终时又作采薇歌，所以后来人们就把采薇作为隐居山林的代称。文天祥的"山河千古在，城郭一时非。饿死真吾志，梦中行采薇"（《南安军》）和王绩"相顾无相识，长歌怀采薇"（《野望》）中提到的采薇都和伯夷、叔齐隐居首阳山采薇充饥的这段历史相关。

宋词中的爱国主义

元曲四大家

探究活动

《世说新语·文学》中记载了一个故事，东晋政治家谢安有一次在聚会中问谢家的子弟《毛诗》中哪句写得最好，他的侄儿谢玄应声回答："昔我往矣，杨柳依依。今我来思，雨雪霏霏。"体会古人对这四句诗的评价并谈谈你的看法。

唐诗里的双子星座之李白的浪漫主义

唐诗里的双子星座之杜甫的忧患意识

第五章

明德励志 止于至善

本章引言

　　党的十八大提出了"把立德树人作为教育的根本任务"①，到党的十九大持续强调"落实立德树人根本任务"②，再到党的二十大的"育人的根本在于立德"③，立德树人的重要地位不断显现。培养什么人，是教育的首要问题，是立德的根本要求，集中体现了党和国家对教育事业的根本定位和时代特征，为党育人、为国育才，是立德树人的初心使命。

　　《大学》《中庸》《荀子》等作为儒家经典著作，是古代哲人先贤修身、为学、为政思想的重要源头，深刻塑造了中国人的精神风范，对社会及历史文化的发展起到了不可替代的重要作用，其中蕴含的人文精神与广大青年学生提升自我修养、追求高尚品德的精神一脉相承。"才者，德之资也；德者，才之帅也"，"志于道，据于德，依于仁，游于艺"，广大青年学生只有不断弘扬光明的品德，把自己的"小我"融入祖国和人民的"大我"之中，激发爱国情、强国志、报国行，才能更好地实现人生价值、升华人生境界。

---

① 胡锦涛. 坚定不移沿着中国特色社会主义道路前进　为全面建成小康社会而奋斗——在中国共产党第十八次全国代表大会上的报告 [M]. 北京：人民出版社，2012：35.

② 习近平. 决胜全面建成小康社会　夺取新时代中国特色社会主义伟大胜利——在中国共产党第十九次全国代表大会上的报告 [M]. 北京：人民出版社，2017：45.

③ 习近平. 高举中国特色社会主义伟大旗帜　为全面建设社会主义现代化国家而团结奋斗——在中国共产党第二十次全国代表大会上的报告 [M]. 北京：人民出版社，2022：34.

学习目标

知识目标：

1. 了解儒家关于治学目标、人生目标的主张。
2. 理解孔子社会理想的哲学基础。

能力目标：

1. 理解治学修身与实现人生目标之间的关系。
2. 了先秦儒家关于道德修养及其与治国平天下的关系。

素养目标：

1. 体会大学的宗旨在于弘扬光明正大的品德，在于使人的道德达到最完善的境界，激发对中华优秀传统文化的热爱。
2. 感受中华文化对中国后世的政治、文化等诸多方面的深远影响，增强弘扬优秀传统文化的责任感与使命感，激发民族自豪感。

思维导图

明德励志　止于至善

- 大学（节选）
- 中庸（节选）
- 荀子（节选）

《大学》三纲八目结构图

导 读

　　《大学》是阐释儒家学说中人生哲学和政治哲学的重要文献，原本是《礼记》中一篇，在南宋之前从未单独刊印。唐代韩愈等为维护道统而推崇《大学》，至北宋程颐程颢极力褒奖宣扬，南宋朱熹继承二程思想，撰《四书章句集注》时，把《大学》从《礼记》中抽出来，与《论语》《孟子》《中庸》并列，成了《四书》之一，是宋代以后士子必读的书目。朱熹改编后的《大学》和《礼记》中的原文有所出入。

　　本章是《大学》一篇的纲领所在，主旨在阐明"明明德""亲民""止于至善"三纲领和"格物""致知""诚意""正心""修身""齐家""治国""平天下"八条目的连贯关系。指示人们以格物、致知、诚意、正心、修身来实践个人"明明德"的功夫；以齐家、治国、平天下来实现"亲民"和"止于至善"的终极目标。三纲领之后，还提出了七个求证大道与明德的学问程序，也可以说是求证大道的学养步骤，即"知、止、定、静、安、虑、得"。

　　"大学之道"的道，是根本，也可以说是体，"明德"是道体的"致用"，是道体表现出来的心理和身体力行的行为。"亲民"是明德之后外用到立人的目的。最终的结果，无论是立己的明德还是立人的亲民，都要达到至善的境界。《大学》为我们展示的儒家的人生进修阶梯，对我国古代的思想文化产生了深远的影响，儒家后世学说都是循着"三纲八目"展开的。

大学之道①，在明明德②，在亲民③，在止于至善④。知止而后有定，定而后能静⑤，静而后能安，安而后能虑，虑而后能得。物有本末⑥，事有终始。知所先后，则近道矣。

注释

①大学：大人之学。即孟子所说的"大人者不失其赤子之心"中的"大人"，也是指道德修养完满，人格充实有光辉的人。

②明明德：第一个"明"字作使动词用，即"使彰明"，是发扬、弘扬的意思；第二个"明"字是形容词，明德，即光明的德行。因为此种德行容易被各种欲望所蒙蔽，只有凭借着不断的修养才能保持它的光明。"明明德"即将蒙蔽自性光明德行的各种欲望的灰尘除去，使得光明的德行更加彰显。此为道德修养方法的第一步。

③亲：王守仁仍作"亲"字解，即亲近、爱护之意思。朱熹根据程颐的意思，以为应当作"新"字解，新民即在使人除旧布新，精神、事业日日更新。

④至善：最圆满、最美好的境界。

⑤静：心不妄动。

⑥本：根本。

译文

大学的宗旨，在于弘扬光明的德行，使之不被私欲蒙蔽。利用光明德行所造成的影响力使民众亲近，最终达到止于至善的境界。反查自己的"能知"之性，把心中的思虑、情绪、妄想停住，才能够心不妄动安定下来，心安定下来不妄动才能够稳重沉静，稳重沉静才能心神安定，心神安定才能够思虑精细周详，思虑精细周详才能够达到止于至善的境界。每样东西都有根本有枝末，每件事情都有开始有结束。能够明白事物发展本末的先后次序，就已经接近《大学》所阐述的修己治人的道理了。

古之欲明明德于天下者，先治其国；欲治其国者，先齐其家①；欲齐其家者，先修其身②；欲修其身者，先正其心；欲正其心者，先诚其意；欲诚其意者，先致其知③；致知在格物④。

注释

①齐：治理。家：原本指卿大夫的封邑，后泛指家庭或家族。

②修其身：在道德上修养自身。

③致其知：发挥出自己良知。

④格物：王守仁认为"为善去恶是格物"。朱熹认为"格，至也。物，犹事也。穷至事物之理，欲其极处无不到也。"就是认识、研究万事万物的道理。

译文

古人要想弘扬自己的明德到天下，使全天下达到太平，就要先要治理好自己的邦国；要治理好自己的邦国，先要管理好自己的家庭和家族；想要管理好自己的家庭和家族，先要修养好自身的身体言行；想要修养好自身的身体言行，先要端正自己的心思；想要端正自己的心思，先要使自己的意念真诚；想要使自己的意念真诚，先要发挥出自己良知。要想发挥出自己的良知，就要为善去恶，不被私欲蒙蔽自性的光明德行。

物格而后知至，知至而后意诚，意诚而后心正，心正而后身修，身修而后家齐，家齐而后国治，国治而后天下平[1]。

注释

①物格而后知至，知至而后意诚，意诚而后心正，心正而后身修：指明明德之事；身修而后家齐，家齐而后国治，国治而后天下平：指亲民之事。

译文

格除蒙蔽自性光明德行的各种欲望，才能发挥出自己的良知，发挥出了自己的良知，意念才能真诚；意念真诚后，心思才能端正；心思端正后，才能修养自身的身体言行；自身的身体言行修养好之后，才能管理好家庭和家族；管理好家庭和家族后，才能治理好国家；治理好国家后，才能使天下太平。

自天子以至于庶人[1]，壹是皆以修身为本[2]。其本乱，而末治者否矣。其所厚者薄，而其所薄者厚[3]，未之有也[4]。

注释

①庶人：指平民。

②壹是：一切。

③其所厚者薄：应当注重的没有被注重。薄者厚：不应该注重的反而加以重视。

④未之有也：从来没有这样的道理。

译文

上自一国君主，下至平民百姓，人人都要以修养品性为根本。若这个根本被扰乱了，家庭、家族、国家、天下要治理好是不可能的。如果不分先后、轻重、缓急，本末倒置，将应该重视的事情忽略了，应忽略的事情却重视起来，想要达到治国、平天下的目的，这也是从来没有的事。

《礼记》主要是记载和论述先秦的礼制、礼仪，记录孔子和弟子等的问答，记述修身做人的准则。内容广博，门类繁多，涉及政治、法律、道德、哲学、历史、祭祀、文艺、日常生活、历法、地理等诸多方面，包罗万象，集中体现了先秦儒家的政治、哲学和伦理思想。

《大学》是先秦、秦汉儒家学说的总括性著作，以成熟的理论思维构建了一个中国封建社会儒家人生教育的总纲领。全篇将道德修养和政治议论结合在一起，是儒家"入世"思想的全面体现。宋、元以后，《大学》成为科举考试的必读书，对古代道德人文教育理论产生了极为深刻的影响。

探究活动

1. 表述"格物、致知、诚意、正心、修身、齐家、治国、平天下"八目之间的关系。四大名著《西游记》中孙悟空西天取经也表现了人生的修心之旅，结合《西游记》体会"正心"的含义。

2. 搜集大学校训，并讨论其出处与意义。

孙悟空的6个称呼　　孙悟空人心象征

导 读

　　《中庸》是《礼记》中的一篇，朱熹将其列为《四书》之一，《中庸》的思想源于中国自古相传的道统，中庸是最高的大道境界。中庸之道广大而隐微，其基本精神，仍是执守中道，"不偏之谓中，不易之谓庸；中者天下之正道，庸者天下之定理"。

　　本篇节选的《中庸》第十三章、十四章主要是说明"道不远人，人之为道而远人，不可以为道"的道理。第十三章引用了《诗经》中诗句"伐柯伐柯，其则不远"，说明君子用"以人治人"的方法，就像"执柯以伐柯"一样，以旧斧柄做新斧柄参考的标准，以君子的行为作为一般人参考的标准，"改而止"，即当人能够改过迁善，这种向外求的方法就要停止了。更进一步的应该是"反求诸己"，反省自己有没有做到"己欲立而立人，己欲达而达人""己所不欲，勿施于人"的"忠恕"之行，这样就距离中庸之道不远了。第十四章论述了君子无论居于何位，均当乐天知命，上不怨天，下不尤人，从自身查找原因，这本身也是中庸之道的要求。此与《大学》一书"修身、齐家"而后才能"治国、平天下"是一个道理。

　　《中庸》第二十章占全篇五分之一，论证了整体的为政之道，提出"为政在人"，指出修身的重要性、必要性。"博学之，审问之，慎思之，明辨之，笃行之"正是继承和发展了孔子的学与思、学与行的思想。认为天下通行的道德，就是"知、仁、勇"，真正做到此三者，就是做到了中庸之道。最后强调修身的核心是"诚"，只要以"诚"修身、持之以恒，那就能"虽愚必明，虽柔必强"，体现了儒家"修己治人""修己安人"的主张与论述。

第十三章

子曰："道不远人，人之为道而远人，不可以为道。《诗》云：'伐柯伐柯，其则不远①。'"执柯以伐柯，睨而视之②，犹以为远。故君子以人治人，改而止③。忠恕违道不远④，施诸已而不愿，亦勿施于人。

🔖 注释

①伐柯伐柯，其则不远：《诗经·豳风·伐柯》句。伐：砍伐。柯：斧柄。则：法则。

②睨：斜着眼睛看。

③改：改过迁善，改恶从善。

④忠恕：尽己之心为忠，推己及人为恕。违：距离。

🔖 译文

孔子说："中庸的道理，离人并不远，人要求道却离开人，这就不能算是求道。《诗经》上说：'拿斧头砍伐斧柄，其法则不算远。'"即一个人手拿着旧的斧头去砍伐一只新的斧柄，新的斧柄应该砍成什么样子呢？手中拿着的旧斧柄就是参考的标准，这个标准离手拿旧斧柄的人并不远啊。重要的地方不去看，却斜着眼往很远的地方看，往远处去寻找新斧柄的参考标准。所以君子用以人治人的方法，就像"执柯以伐柯"一样，以旧斧柄做新斧柄参考的标准，以君子的行为作为一般人参考的标准，当人能够改过迁善，这种向外求的方法就要停止了。尽己的心叫作忠，推己及人叫作恕，能做到"忠恕"，这样就距离中庸之道不远了。放在自己身上都不愿意的事，也就不要再强加于别人身上了。

第十四章

君子素其位而行①，不愿乎其外②。素富贵，行乎富贵；素贫贱，行乎贫贱；素夷狄③，行乎夷狄；素患难④，行乎患难。君子无入而不自得焉⑤！在上位不陵⑥下；在下位不援⑦上，正己而不求于人，则无怨：上不怨天，下不尤人⑧，故君子居易以俟命⑨，小人行险以徼幸⑩。子曰："射有似乎君子，失诸正鹄⑪，反求诸其身。"

🔖 注释

①素：本，依据。

②愿：期望。

③夷狄：我国古代称东方部族为夷，北方部族为狄。

④患难：忧患，灾难。

⑤无入而不自得：随遇而安。

⑥陵：欺侮、霸凌。

⑦援：攀附。

⑧尤：怨恨。

⑨居易：居于平易、平常。俟：等待。

⑩徼：求。幸：不当得利。

⑪正鹄（gǔ）：箭靶子的中心。鹄：箭靶子。

译文

君子依据其所处的地位而行道，不期望向外求道。如果富贵就借富贵的境遇行富贵的道；如果贫贱就借贫贱的境遇行贫贱的道；处于夷狄的环境，就在夷狄的环境中行道；处于患难的形势，就在患难的形势下行道。君子无论处于何等环境形势，都能随遇而安、随入而得。在高位，不欺凌下位之人；在下位，不攀附上位之人；端正自己而不责求他人，就不会怨愤。上不埋怨天，下不埋怨人。所以君子安居于平易、平常；小人违礼行事，追求不当得利。孔子说："君子就像射箭的人，没射中靶心，就从自身找原因，审察自己的不足。"

第二十章（节选）

或生而知之，或学而知之，或困而知之①，及其知之一也。或安而行之②，或利而行之③，或勉强而行之，及其成功一也。

注释

①困：困顿，困苦。

②安：自觉自愿。

③利：利益。

译文

有人生来而知道道理，有人经过学习而懂得道理，有人遭遇困顿后努力学习而知道道理；等不同的人都明白道理了，也就都一样了。有人自觉自愿行道，有人为利益而行道，有人迫不得已、勉勉强强而行道；三者最终都成功了，也就都一样了。

子曰："好学近乎知①，力行近乎仁②，知耻近乎勇③。知斯三者，则知所以修身；知所以修身，则知所以治人；知所以治人，则知所以治天下国家矣。"

注释

①知：通"智"。

②仁：仁德。

③勇：勇敢。

译文

孔子说："爱好学习就接近于智慧，努力行善就接近于仁德，知道羞耻就接近于勇敢。知道这智、仁、勇的真谛，就知道如何修养身心了，知道如何修养身心，就知道如

何管理众人了；知道如何管理众人，就知道如何治理天下国家了。"

凡事豫则立^①，不豫则废；言前定则不跆^②；事前定，则不困；行前定，则不疚；道前定，则不穷。

注释

①豫：事先准备。

②跆：蹶倒。

译文

凡是做任何事情，预先精心做充分的准备就能成功，事先不做准备，草率行事，就要失败。说话之前先有准备，就不会词穷理屈；做事事先有准备，做起来就不会有困难；行动前先有准备，行动后就不会愧恨；处事的方法如果事先思考过，就不会困穷。

博学之，审问之^①，慎思之，明辨之，笃行之。有弗学，学之弗能弗措也^②；有弗问，问之弗知弗措也；有弗思，思之弗得弗措也^③；有弗辨^④，辨之弗明弗措也；有弗行，行之弗笃弗措也。人一能之，己百之；人十能之，己千之。果能此道矣，虽愚必明，虽柔必强。

注释

①审：详细。

②措：废置。

③思：思考，思虑。

④辨：辨别，分辨。

译文

广博地学习，详细地请教，缜密地思考，明晰地辨别，努力地实践。除非不学，学不会绝不放弃；除非不问，问不懂决不罢休；除非不思虑，思虑而不得，决不放弃；除非不分辨，分辨不明，决不放弃，除非不实行，实行不成功，决不放弃。别人用一分气力能做到，自己用百分气力去做它；别人用十分气力能做到，自己用千分的气力去做它。真能依此做下去，即使是原来愚笨的人，也会变得聪明，即使是柔弱的人，也会变得坚强。

《中庸》中的名句：

1. 上不怨天，下不尤人。

2. 凡事豫则立，不豫则废。

3. 博学之，审问之，慎思之，明辨之，笃行之。

4. 故君子尊德性而道问学，致广大而尽精微，极高明而道中庸。

5. 万物并育而不相害，道并行而不相悖。

6. 是故君子戒慎乎其所不睹，恐惧乎其所不闻，莫见乎隐，莫显乎微，故君子慎其独也。

7. 忠恕违道不远，施诸己而不愿，亦勿施于人。

8. 君子之道，辟如行远必自迩，辟如登高必自卑。

探究活动

1. 了解中庸之道的基本思想。

2. 找出孔子在自己言行中贯彻中庸之道的例子。

导读

荀子名况，又称荀卿，战国末期赵国人，先秦儒家思想的集大成者。李斯、韩非都是他的学生。《荀子》现存32篇，大部分是荀子自己的著作，少部分为他的弟子记录整理。涉及哲学、逻辑、政治、道德许多方面的内容，综合了战国时期道家、墨家、法家等诸家的思想成分。荀子继承儒家道统，以弘扬儒学精神为己任，既师法有源，又不抱残守缺，对儒学做出了创造性的发展。

《荀子》中的文章论题鲜明，结构严谨，论辩透辟，逻辑周密，语言丰富多彩，善于比喻。荀子对"中道"领悟得十分透彻，有关"中道"的思想散见于其著述各处。《荀子·宥坐》开篇讲述了一个关于欹器的故事，欹器"虚则欹，中则正，满则覆"，借孔子师徒的对话，简单直接地表达出"中"的精神内涵。荀子的"中道"思想不仅是对儒家道统的传承，而且对儒家"中道"思想作了合理补充，以小见大，以欹器见"中道"，将"中道"思想构建于他的整个学说中。

《荀子·宥坐》中的"陈蔡绝粮"也具有重要的文化价值，孔子周游途中所遭遇的艰难险阻不可胜数，"陈蔡绝粮"事件只是其中的一件，这些困厄的经历促进了孔子思想的升华。孔子志怀高远，躬身力行，时刻满怀对道德、理想的殷切追求，从未怨天尤人。孟子继承和发挥了这一思想，"故天将降大任于是人也，必先苦其心志，劳其筋骨，饿其体肤，空乏其身，行拂乱其所为"，司马迁也汲取了这一思想，"昔西伯拘羑里，演《周易》；孔子厄陈、蔡，作《春秋》"。儒家的这种思想为塑造中华民族积极进取、奋发向上的优秀品质做出了巨大的理论贡献，内化为中华民族可贵的道德品质。

孔子观于鲁桓公①之庙，有欹②器焉③。孔子问于守庙者曰："此为何器？"守庙者曰："此盖为宥坐④之器。"孔子曰："吾闻宥坐之器者，虚则欹，中则正，满则覆。"孔子顾⑤谓弟子曰："注水焉。"弟子挹⑥水而注之。中而正，满而覆，虚而欹，孔子喟然⑦而叹曰："吁！恶⑧有满而不覆者哉！"子路曰："敢问持满有道乎？"孔子曰："聪明圣知，守之以愚；功被天下，守之以让；勇力抚世，守之以怯；富有四海，守之以谦⑨。此所谓挹而损之之道也。"⑩

注释

①鲁桓公：春秋时鲁国第十五位国君。

②欹（qī）器：一种极容易倾斜的器皿。

③焉：兼词，在那里。

④宥（yòu）坐：放在座位右边，用来警诫自己。宥：通"右"，

⑤顾：回头看。

⑥挹（yì）：舀。

⑦喟（kuì）然：叹气的样子

⑧恶（wū）：疑问代词，哪里。

⑨谦：通"廉"，节俭。

⑩挹：通"抑"，抑制。

译文

孔子在鲁桓公的庙里参观，看到那里有一只倾斜的器皿。孔子就问守庙人："这是什么器皿？"守庙人回答说："这大概是君主放在座位右边用来警诫自己的器皿"。孔子说"我听说这种器皿，空着时就向一边倾斜，倒入一半水时就会端正，注满水后又会翻倒。"孔子回头对弟子说："注水吧！"弟子舀了水往里面倒，注入一半时那倾斜的器皿就端正了，注满后就翻倒了，空了就又恢复倾斜了。孔子喟然长叹说："唉！哪有满了不翻倒的呢？"

子路说："请问保持盈满有什么方法吗？"孔子说："聪明睿智，就要用笨拙来保持它；功劳遍布天下，就要用谦让来保持它；勇猛盖世，就要用怯懦来保持它；富有天下，用谦虚来保持它。这就是所谓的保持盈满的方法啊。"

孔子南适楚，厄于陈、蔡之间①，七日不火食，藜羹不糁②，弟子皆有饥色。子路进而问之曰："由闻之：为善者天报之以福，为不善者天报之以祸，今夫子累德、积义、怀美，行之日久矣，奚居之隐也③？"孔子曰："由不识，吾语女。女以知者为必用邪？王子比干不见剖心乎！女以忠者为必用邪？关龙逢不见刑乎④！女以谏者为必用邪？吴子胥不磔姑苏东门外乎⑤！夫遇不遇者，时也；贤不肖者，材也；君子博学深谋不遇时者多

矣！由是观之，不遇世者众矣，何独丘也哉！且夫芷兰生于深林，非以无人而不芳。君子之学，非为通也，为穷而不困，忧而意不衰也，知祸福终始而心不惑也。夫贤不肖者，材也；为不为者，人也；遇不遇者，时也；死生者，命也。今有其人不遇其时，虽贤，其能行乎？苟遇其时，何难之有？故君子博学、深谋、修身、端行以俟其时。"

注释

①厄：被困。

②藜：一种野菜。糁：以米和羹。

③隐：穷困，时运不济。

④关龙逢：又称关龙逄，夏朝时的大臣，因直言进谏被夏桀杀害。

⑤磔：弃市，古代的一种酷刑。

译文

孔子向南到楚国去，被困在陈国、蔡国之间，七天没吃熟食，野菜羹中没有掺一点米，学生们都有饥饿的表情。子路上前问孔子说："我听说对于行善的人，上天就赐给他幸福；对于作恶的人，上天就降灾祸给他。现在，老师积累功德，奉行道义，具有各种美德，这样做的日子已经很久了，为什么还会有这样窘境呢？"

孔子说："仲由你不知道，我告诉你。你认为有才智的人就一定会被任用的吗？王子比干不是被剖腹挖心了吗！你认为忠诚的人就一定会被任用的吗？关龙逢不是被桀杀了吗！你认为劝谏的人就一定会被任用的吗？伍子胥不是被碎尸了姑苏城外了吗！能不能得到君主的赏识，这要靠机遇；有没有德才，这是个人的资质了；君子之中博学多识而能深谋远虑，却没有遇上被重用的机会的人，多着呢！由此看来，不被社会赏识的人是很多的了！哪里只是我孔丘呢？况且，白芷兰草长在深山老林之中，不是因为没有人赏识就不香了；君子的学习，并不是为了显贵，而是为了受到困窘的时候而不感到困顿，遭受忧患的时候而意志不衰退；懂得祸福死生的道理而思想不动摇。有没有德才，在于资质，做还是不做，在于人的决定，得到还是得不到赏识，在于时机，是死还是生，在于命运。现在有的人没有遇上机遇，即使贤能，他能有所作为吗？如果遇到时机，那还有什么困难呢？所以君子要广博地学习，谋虑深远，修养心身，端正品行，等待时机的到来。"

知识链接

1. 不积跬步，无以至千里；不积小流，无以成江海。——《荀子·劝学》

2. 天行有常，不为尧存，不为桀亡。——《荀子·天论》

3. 道虽迩，不行不至；事虽小，不为不成。——《荀子·修身》

4. 水能载舟，亦能覆舟。——《荀子·哀公》

5. 君子居必择乡，游必就士，所以防邪僻而近中正也。——《荀子·劝学》

探究活动

　　荀子思想与孔子、孟子思想都属于儒家思想范畴，但和孔孟相比，荀子的思想具有更多的现实主义倾向，这些现实主义倾向体现在哪些方面？

第六章

天人合一　形神相守

本章引言

　　中华优秀传统文化中蕴含的天人合一理念，是中华民族在长期生产生活中积累的宇宙观、天下观、社会观、道德观，集中体现着中华民族对整个宇宙以及人与宇宙万物关系的根本看法，是中华文明的重要精神标识之一。天人合一理念把宇宙、社会和人的生命当作一个完整的、统一的大系统来看待，蕴含着人与自然万物共生共存的生命共同体意识。

　　天人合一是中华民族历久弥新的文化基因和智慧密码，中医学理论也始终贯穿了"天人合一"的医学思想与精神追求。人具有与外界相合的生物节律与生命周期，身心合一，形神相守，人不能脱离外在时空和节律而存在。人与自然和谐共生，身心协调发展，彼此相互联系、相互依赖、相互作用。这一文化内涵对当今时代推进马克思主义中国化、时代化、中国式现代化建设、创造人类文明新形态仍然有着重要的时代价值。

学习目标

知识目标：

1. 了解中国哲学中天人合一的含义。
2. 了解天人合一思想的生成背景、基本精神以及发展走向。

能力目标：

1. 了解天人合一的思维方式和精神追求，获得思想智慧。
2. 理解天人合一的辩证统一关系，身心协调发展。

素养目标：

1. 全面认识人与生命自身、人与自然的和谐相处，明了对社会的责任与担当。
2. 不断追求心境的拓展和精神修养的提升，乐观豁达、志趣高远，促进身心健康发展。

思维导图

天人合一　形神相守

- 庄子·逍遥游（节选）
- 黄帝内经·素问·上古天真论
- 吕氏春秋（节选）

庄子·逍遥游（节选）

导 读

　　庄子（约前369—前286）名周，字子休，战国中期哲学家。庄子的思想，和老子一起，被称为老庄思想。

　　庄子一生淡泊名利，主张修身养性、清静无为，一直过着深居简出的隐居生活。庄子的想象力极为丰富，语言运用自如，灵活多变，能把一些微妙难言的哲理说得引人入胜。庄子的文章，想象奇特，文笔变化多端，具有浓厚的浪漫主义色彩，并采用寓言故事形式，富有幽默讽刺的意味，对后世文学语言有很大影响。

　　《庄子》一书分为三部分：内篇、外篇和杂篇，一般认为内篇是庄子本人所著，外篇和杂篇则是庄子的弟子与后人所著。一般认为内篇是研究庄子思想的关键。汉代以后，庄子被尊为南华真人，《庄子》一书又被称为《南华经》。魏晋时期，先秦典籍《老子》《庄子》《周易》合称为"三玄"，成为魏晋玄学的根本依据。

　　后人刘熙载在《艺概·文概》评述《庄子》一书"意出尘外，怪生笔端"。在具体写法上不守成规，"无端而来，无端而去"，"意出尘外，怪生笔端"，形散而神不散"，"看是胡说乱说，骨里却尽有分数"。

　　《庄子》内篇的第一篇文章是《逍遥游》，开篇营造了一个气象雄浑、波涛浩渺的大海——北冥，冥就是海。一天，鲲化成一只大鹏鸟。不知几千里的鱼化为不知几千里的鸟，这是典型的庄子式的浪漫主义。鱼和鸟的"物化"，突出了事物之间的联系并可以相互转化，正是庄子哲学的核心之一。形体硕大无比的大鹏鸟奋力飞出大海，随着海上汹涌的波涛向南海迁徙，翅膀拍击水面激起三千里的波涛，乘着海面吹起的狂风盘旋而上直冲九万里的云霄，凭借"六月息"升腾离开。在极尽浪漫与想象的寓言中，庄子认为想要达到真正自由自在的境界，必须"无己、无功、无名"，不受任何拘束，不滞于物，追求悠然自得的绝对精神自由。这种精神的绝对自由，要求超越时间和空间，摆脱客观现实的影响和制约，忘掉一切，在主观幻想中实现"逍遥"的人生观。

北冥有鱼①，其名为鲲②。鲲之大，不知其几千里也；化而为鸟，其名为鹏。鹏之背，不知其几千里也；怒而飞③，其翼若垂天之云④。是鸟也，海运则将徙于南冥⑤。南冥者，天池也⑥。《齐谐》者⑦，志怪者也⑧。《谐》之言曰："鹏之徙于南冥也，水击三千里，抟⑨扶摇⑩而上者九万里，去⑪以六月息⑫者也。"野马也⑬，尘埃也⑭，生物之以息相吹也。天之苍苍，其正色邪⑮？其远而无所至极邪？其视下也，亦若是则已矣。且夫水之积也不厚，则其负大舟也无力。覆杯水于坳堂之上，则芥为之舟⑯；置杯焉则胶⑰，水浅而舟大也。风之积也不厚，则其负大翼也无力。故九万里，则风斯在下矣，而后乃今培风⑱；背负青天，而莫之夭阏者⑲，而后乃今将图南⑳。蜩与学鸠笑之曰："我决起而飞㉑，抢榆枋而止，时则不至，而控于地而已矣，奚以之九万里而南为？"适㉒莽苍㉓者，三餐而反，腹犹果然；适百里者，宿舂粮；适千里者，三月聚粮。之二虫又何知！

🌸 注释

①北冥：北海，因海水深黑而得名。冥，通"溟"，指广阔幽深的大海。

②鲲（kūn）：传说中的大鱼。

③怒：振奋，这里指用力鼓动翅膀。

④垂天：天边。

⑤海运：海水运动，此处指汹涌的海涛。

⑥天池：天然形成的池子。

⑦《齐谐》：志怪小说集。

⑧志怪：记述怪异的故事。志：记载。

⑨抟：盘旋上升。

⑩扶摇：旋风。

⑪去：离开。

⑫息：气息，指风。

⑬野马：云雾之气变化腾涌成野马的样子。

⑭尘埃：空中游尘。

⑮正色：真正的颜色。

⑯芥：小草。

⑰胶：动词，粘住地面动不了。

⑱培风：乘风。

⑲夭阏：挫折阻碍。

⑳图南：图谋飞往南方。

㉑决起：迅速跃起。

㉒适：去，往。

㉓莽苍：草色苍苍的郊野。

译文

北方的大海里有一条鱼，它的名字叫鲲。鲲的体积之大，不知道有几千里；变化成为鸟，它的名字就叫做鹏。鹏的脊背，不知道有几千里长；当它奋起而飞的时候，那展开的翅膀就好像挂在天边的云彩。这只鸟，当海水汹涌的时候就要迁徙到南方的大海去了。南方的大海是一个天然的大池子。《齐谐》是一部专门记载怪异事情的书。这本书上记载："大鹏往南方的大海迁徙的时候，翅膀拍打水面，激起的水浪高达三千里，环绕着旋风飞上了九万里的高空，飞行六个月到达南海。"像野马奔腾一样的雾气，飘飘扬扬的尘埃，都是生物的气息相互吹拂所致。天空是深蓝色的，难道就是它真正的颜色吗？还是因为天空高远而看不到尽头呢？大鹏从高空往下看，也不过就像这个样子罢了。再说聚集的水不深，那么它就没有负载一艘大船的力量了。在堂前低洼的地方倒上一杯水，一棵小草就能被当作是一艘船，放一个杯子在上面就会被粘住，这是水浅而船大的缘故。如果聚集的风不够强大的话，那么负载一个巨大的翅膀也就没有力量了。因此，大鹏在九万里的高空飞行，风就在下面了，凭借着风力，背负着青天毫无阻挡，然后才计划着朝南飞。蝉和学鸠讥笑大鹏说："我们猛地飞起来，碰到榆树和檀树就停止，有时飞不上去，落在地上就是了。何必要飞九万里的高空再到南海去呢？"到近郊去的人，只带当天吃的三餐粮食，回来肚子还是饱饱的；到百里外的人，要用一整夜时间舂米准备干粮；到千里外的人，要用三个月聚积粮食。蝉和学鸠又知道什么呢。

小知不及大知，小年不及大年。奚以知其然也？朝菌[1]不知晦朔[2]，蟪蛄[3]不知春秋[4]，此小年也。楚之南有冥灵者，以五百岁为春，五百岁为秋；上古有大椿者，以八千岁为春，八千岁为秋。此大年也。而彭祖乃今以久特闻[5]，众人匹之[6]，不亦悲乎[7]？

注释

[1]朝菌：一种朝生暮死的菌类植物。

[2]晦朔：月亮的盈缺。晦：每月的最后一天。朔：每月的第一天。

[3]蟪蛄：寒蝉，春生夏死或夏生秋死。

[4]春秋：一整年。

[5]彭祖：传说中寿命达800岁的人物。

[6]匹之：和他相比。匹：比。

[7]悲：可悲。

译文

知识少的比不上知识多的，寿命短的比不上寿命长的。怎么知道是这样的呢？朝生暮死的菌类不知道每个月有第一天和最后一天。蟪蛄不知道一年有春季和秋季，这就是短命。楚国的南方有一种大龟，它把五百年当作一个春季，五百年当作一个秋季。上古时代有一种树叫作大椿，它把八千年当作一个春季，八千年当作一个秋季，这就是寿命

长。可是彭祖到如今还是以年寿长久而闻名于世，人们与他攀比，这不是很可悲吗？

汤①之问棘②也是已③："穷发④之北，有冥海者，天池也。有鱼焉，其广数千里，未有知其修⑤者，其名为鲲。有鸟焉，其名为鹏，背若泰山，翼若垂天之云；抟扶摇羊角而上者九万里⑥，绝云气⑦，负青天，然后图南，且适南冥也。斥鹦笑之曰：'彼且奚适也？我腾跃而上，不过数仞而下，翱翔蓬蒿之间⑧，此亦飞之至也。而彼且奚适也？'"此小大之辩也⑨。

📖 注释

①汤：商朝的建立者。

②棘：人名，相传是商汤时的大夫。

③是已：就是这样，表示肯定。

④穷发：传说中极其荒远的草木不生的地方。发：草木植被。

⑤修：长。

⑥羊角：一种旋风，回旋向上如羊角旋。

⑦绝云气：穿越云气。绝：超越。

⑧翱翔蓬蒿之间：翱翔在蓬木蒿草之间。

⑨辩：通"辨"，分辨，区别。

📖 译文

商汤问棘的话也是这样的："在草木不生的极远的北方，有个很深的大海，那就是天然形成的大池子，里面有条鱼，它的身子有几千里宽，没有人知道它有多长，它的名字叫作鲲。有一只鸟，它的名字叫作鹏。鹏的背像泰山，翅膀像天边的云；借着旋风盘旋而上九万里，超越云层，背负青天，然后向南飞翔，将要飞到南海去。小泽里的麻雀讥笑鹏说：'它要飞到哪里去呢？我一跳就飞起来，不过数丈高就落下来，在蓬蒿丛中盘旋，这也是极好的飞行了。而它还要飞到哪里去呢？'"这就是小和大的不同了。

故夫知效①一官、行②比③一乡、德合④一君、而征⑤一国者，其自视也⑥，亦若此矣。而宋荣子⑦犹然⑧笑之。且举⑨世誉之而不加劝⑩，举世非⑪之而不加沮⑫，定⑬乎内外⑭之分，辩乎荣辱之境，斯已矣。彼其于世，未数数然⑮也。虽然，犹有未树也。夫列子御风而行⑯，泠然善也⑰，旬⑱有⑲五日而后反。彼于致福者⑳，未数数然也。此虽免乎行，犹有所待者也㉑。若夫乘天地之正㉒，而御六气之辩㉓，以游无穷者，彼且恶乎待哉？故曰：至人无己㉔，神人无功㉕，圣人无名㉖。

📖 注释

①效：效力，胜任。

②行：品行。

③比：团结。

④合：使……满意。

⑤征：征服。

⑥自视：看待自己。

⑦宋荣子：战国中期的思想家。

⑧犹然：讥笑的样子。

⑨举：全。

⑩劝：勉励，奋发。

⑪非：非难，指责。

⑫沮：沮丧。

⑬定：认清。

⑭内外：这里指自身和身外之物。

⑮数（shuò）数然：急切追求的样子。

⑯列子：郑国人，名御寇，战国时代思想家，传说能御风而行。

⑰泠（líng）然：轻妙飘然的样子。

⑱旬：十天。

⑲有，通"又"。

⑳致福：求福。

㉑待：依靠。

㉒正：自然本性。

㉓六气：指阴、阳、风、雨、晦、明。

㉔至人无己：破除自我偏执，扬弃小我，摒绝功名束缚的本我，追求绝对自由、通达，物我相忘的人格境界。

㉕神人无功：指精神世界完全超脱物外的人不求功利。

㉖圣人无名：指思想修养臻于完美的人不追求名誉地位。

译文

所以，那些才智能胜任一官的职守，品行能够庇护一乡百姓的，德行能投合一个君王心意而又取得全国信任的人，他们看待自己，也像那只小鸟一样。而宋荣子对这种人加以嘲笑。宋荣子这个人，世上所有的人都称赞他，他并不因此就特别奋勉，世上所有的人都责难他，他也并不因此就感到沮丧。他能认清物我的分别，分辨清楚荣辱的界限，如此而已。他对待世俗的一切，没有拼命追求。即使如此，他还是有未建立的境界。列子乘风而行，轻妙飘然，十五天后才返回；他对于求福的事，没有拼命去追求。这样虽然免了步行，还是有所凭借的。如果顺应自然万物的本性，驾驭着六气的变化，漫游于无穷无尽的境地，他还要依靠什么呢？所以说：道行最高的人能任顺自然、自由通达忘掉自己，修养达到神化不测境界的人不求功利，有道德学问的圣人不追求名誉地位。

心斋，谓摒除杂念，使心境虚静纯一，而明大道。《庄子·人间世》有寓言说：颜回向孔子请教游说专横独断的卫国国君的方法，孔子叫他先做到"心斋"，并指出这不是祭祀之斋，而是精神上的斋戒。回曰："敢问心斋。"仲尼曰："若一志，无听之以耳，而听之以心；无听之以心，而听之以气。听止于耳，心止于符。气也者，虚而待物者也。唯道集虚。虚者，心斋也。"

怎样做到心斋呢？庄子举了一个有趣的例子来做说明。有一个工匠很会雕刻，他刻的人与真人完全一样。君王看了吓一跳，问他怎么能刻得那么像，工匠回答说：我开始刻的时候，一定要先守斋，三天之后，心里就不会想"庆赏爵禄"，就是说不去想会得到什么赏赐；守斋五天之后就不敢想"非誉巧拙"，就是说不去想别人会不会称赞我，说我技巧很高；七天之后，就忘了自己有四肢五官了。

探究活动

庄子著书十万余言，喜托寓言以广其意，"沉鱼落雁""踌躇满志""游刃有余""捉襟见肘"等著名寓言就出自他的著作。理解庄子寓言故事的真正用意。

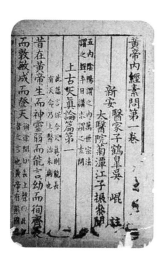

导　读

　　传统中医学有四大经典著作：《黄帝内经》《难经》《伤寒杂病论》《神农本草经》。《黄帝内经》简称《内经》，是一本综合性的医书，分《素问》和《灵枢》两部分。作为我国现存最早的医学典籍，它全面阐述了中医学理论体系的基本内容，反映了中医学的理论原则和学术思想，为中医学的发展奠定了基础。

　　虽然《黄帝内经》是以黄帝和岐伯等人的对话写成的，但是它绝对不是一个人在某一时期的医学成就，而是在相当长的历史时期内的医学经验的总结和汇编。作为医学类的经书，《黄帝内经》就是医学的规范，是学习者必须要遵守的法则。

　　《素问》基本上是以精气神、阴阳五行理论来论证人体的生理病理。《上古天真论》出自《素问》第一篇。《黄帝内经》秉持道家的思想，认为上古时期是人类道德水平最高和最合乎理想的时期，被认为是道德水平、生活状态最合理的时期，人们能够顺应自然之道生活。"天真"就是上天赋予人的真精真气。本篇首先论述了上古顺应自然之道能活百岁而动作不衰与不知养生之道半百而衰的原因，其次谈及人体生理变化的规律，强调肾气、正气、真气对人体的重要作用，最后列举了真人、至人、圣人、贤人等养生成就所达到的境界。

昔在黄帝①，生而神灵，弱而能言，幼而徇齐②，长而敦敏③，成而登天④。

注释

①黄帝：我国古代部落联盟首领，五帝之首。史载黄帝因有土德之瑞，故号黄帝。

②徇齐：敏捷聪慧。

③敦敏：笃实敏捷。

④登天：指登帝位。

译文

古代的黄帝轩辕氏，生来就十分聪明，年少就善于言谈，幼年时期就对事物有着敏锐的洞察力，长大以后做事笃实行为敏捷，成年后就登上了帝位。

乃问于天师曰①："余闻上古之人，春秋皆度百岁②，而动作不衰；今时之人，年半百而动作皆衰者。时世异耶？人将失之耶？"

岐伯对曰："上古之人，其知道者③，法于阴阳④，和于术数⑤，食饮有节，起居有常⑥，不妄作劳，故能形与神俱，而尽终其天年，度百岁乃去⑦。今时之人不然也，以酒为浆，以妄为常，醉以入房，以欲竭其精，以耗散其真。不知持满，不时御神，务快其心，逆于生乐，起居无节，故半百而衰也。

注释

①天师：指岐伯。

②春秋：指年龄。

③知：懂得，了解。

④法：取法。

⑤术数：古代称各种技术为术数，这里指保养精气的养生方法。

⑥常：规律。

⑦去：离开。

译文

黄帝问岐伯道："我听说上古时代的人，年龄都超过百岁，动作却没有衰老的迹象；如今的人，到了五十岁动作就显得衰老无力了。这是因为时代不同呢？还是因为人们违背了养生之道呢？"

岐伯回答说："上古时期的人，懂得养生之道，能够取法天地阴阳的变化规律，了解保养精气的养生方法，饮食有所节制，起居也有一定规律，不胡乱劳作，所以形神能够协调统一，活到自然的寿命，度过百岁才离开人世。现在的人却不这样，他们把烈酒当作甘泉般滥饮，把任意妄为当作生活的常态，醉酒后还要行房，纵情声色使精气衰竭，真气耗散。不知道要保持精气的盈满，不明白要节制精神，只是追求感官快乐，违背了人生的真正乐趣，作息起居没有规律，所以五十岁左右就衰老了。"

"夫上古圣人之教也，下皆为之。虚邪贼风①，避之有时，恬惔虚无，真气从之，精神内守，病安从来？是以志闲而少欲，心安而不惧，形劳而不倦。气从以顺，各从其欲，皆得所愿。故美其食，任其服，乐其俗，高下不相慕，其民故曰朴。是以嗜欲不能劳其目，淫邪不能惑其心。愚智贤不肖不惧于物，故合于道。所以能年皆度百岁而动作不衰者，以其德全不危②故也。"

注释

①虚邪贼风：高士宗注："四时不正之气，皆谓之虚邪贼风。"泛指一切不正常的气候变化和有害于人体的外界致病因素。

②德全不危：养生之道完备而无偏颇。

译文

"上古时期，对于通晓养生之道的圣人的教诲，人们都能遵守。对于四时不正之气能及时避开，思想上清静无欲，达到这种境界真气就会顺畅，精神持守于内而不耗散，这样的话，疾病怎么会发生呢？因此，他们心志闲适而少有欲望，心里安定没有恐惧，形体劳动但不倦怠。真气和顺，每个人都能顺从自己的想法，满足自己的愿望。因此，不管吃什么都觉得甘甜，穿什么衣服都觉得满意，喜欢当地的风俗习惯，无论地位高低都不互相美慕，人们从而变得自然朴实。所以过度的嗜好，不会干扰他的视听，淫乱邪说也不会惑乱他的心志。无论是愚笨的或聪明的，还是有才能的或能力差的，不汲汲于外物的获得或丧失，所以符合养生之道。他们都能够活过百岁但动作不衰老，就是因为他们的养生之道完备而无偏颇。"

帝曰："人年老而无子者，材力尽邪？将天数然也①？"

岐伯曰：女子七岁，肾气实，齿更发长。二七而天癸至，任脉通②，太冲脉盛③，月事以时下④，故有子。三七，肾气平均，故真牙生而长极⑤。四七，筋骨坚，发长极，身体盛壮。五七，阳明脉衰，面始焦⑥，发始堕。六七，三阳脉衰于上，面皆焦，发始白。七七，任脉虚，太冲脉衰少，天癸竭，地道不通⑦，故形坏而无子也。

注释

①天数：指自然的生理变化规律。

②任脉：属于奇经八脉，总任一身之阴经调节阴经气血，为"阴脉之海"。

③太冲脉：冲脉的别称，有充养女子的月经和胞胎的功能。

④时：按时。

⑤真牙：即智齿。

⑥焦：指干枯没有光泽。

⑦地道不通：王冰注"经水绝止，是为地道不通"，指女子绝经，不复下行。

译文

黄帝问道："人年老就不能生育子女，是筋力不足呢？还是自然的生理变化规律就是这样呢？"

岐伯回答说："女子到了七岁，肾气开始旺盛起来，乳牙更换头发茂盛。到了十四岁，天癸发育成熟，任脉畅通，冲脉旺盛，月经就会按时到来，所以能够孕育子女。到了二十一岁，肾气平和，智齿出现，身高达到了最高点。到了二十八岁，筋骨强健，头发长到了最茂盛的时期，身体非常强壮。到了三十五岁，阳明经脉气血开始衰微，面部开始干枯没有光泽，头发也开始掉落。到了四十二岁，三阳经脉气血从头部开始衰退，面部全都枯槁无光，头发开始变白。到了四十九岁，任脉气血虚弱，太冲脉衰微，天癸枯竭，月经断绝，所以形体衰老不能再生育子女了。"

"丈夫八岁，肾气实，发长齿更。二八，肾气盛，天癸至，精气溢，阴阳和，故能有子。三八，肾气平均，筋骨劲强，故真牙生而长极。四八，筋骨隆盛，肌肉满壮。五八，肾气衰，发堕齿槁。六八，阳气衰竭于上，面焦，发鬓颁白。七八，肝气衰，筋不能动。八八，天癸竭，精少，肾脏衰，则齿发去，形体皆极。肾主水，受五脏六腑之精而藏之[1]，故脏腑盛，乃能泻。今五脏皆衰，筋骨解堕，天癸尽矣，故发鬓白，身体重，行步不正，而无子耳。"

注释

[1] 五脏六腑：脏与腑是表里互相配合的，一脏配一腑，脏属阴为里，腑属阳为表。五脏六腑统指人体内的各种器官。五脏是指心、肝、脾、肺、肾；腑有小肠、胆、胃、大肠、膀胱五个腑，另外将人体的胸腔和腹腔分为上焦、中焦、下焦，统称为三焦，是第六个腑。

译文

"男子到了八岁，肾气开始充实起来，头发生长，乳牙更换。到了十六岁，肾气旺盛，天癸发育成熟，精气满溢，两性交合就能孕育子女。到了二十四岁，肾气平和，筋骨强健，智齿生出，身高也到达最高。到了三十二岁，筋骨隆盛，肌肉充实。到了四十岁，肾气开始衰弱，头发开始脱落，牙齿变得干枯。到了四十八岁，人体上部阳明经气衰竭了，面色黯淡无光，两鬓斑白。到了五十六岁，肝气衰退，筋脉迟滞，手脚变得不灵活了。到了六十四岁，天癸枯竭，精气减少，肾脏衰弱，牙齿头发脱落，身体衰弱到了极点。人体的肾脏主水，接受五脏六腑的精华并储藏，因此五脏气血才能旺盛，肾脏才能外泄精气。如今年老，五脏衰弱，筋骨无力，天癸枯竭，所以头发两鬓全都斑白，身体沉重，步伐不稳当，也不能再生育子女了。"

帝曰："有其年已老而有子者何也？"

岐伯曰："此其天寿过度[1]，气脉常通，而肾气有余也。此虽有子，男不过尽八八[2]，女不过尽七七，而天地之精气皆竭矣。"

注释

①天寿：天年。

②过：超过，超出。

译文

黄帝问道："有的人年龄很大了，却还能生育子女，这是什么道理？"

岐伯说："这是因为他先天赋予的寿命限度超过了一般人，气血经脉保持畅通，肾气充足有余。虽然能够生育，但男子一般不超过六十四岁，女子一般不超过四十九岁，到这个时候，男女的精气已经枯竭了。"

帝曰："夫道者年皆百数[1]，能有子乎？"

岐伯曰："夫道者，能却老而全形，身年虽寿，能生子也。"

注释

①道者：指懂得养生之道的人。

译文

黄帝问："懂得养生之道的人，年纪都能达到一百岁，还能生育子女吗？"

岐伯说："善于养生的人，能够推迟衰老，保全形体，即使年寿很高，仍能生育子女。"

黄帝曰："余闻上古有真人者[1]，提挈天地，把握阴阳。呼吸精气，独立守神，肌肉若一。故能寿敝天地，无有终时。此其道生。"

注释

①真人：《黄帝内经》把得道的人分为真人、至人、圣人、贤人四个等级、四层境界。

译文

黄帝说："我听说上古时期的真人，掌握了天地变化的规律，自由地呼吸天地间的精气，来内守精神，筋骨肌肉皆协调。所以寿命就能同于天地没有终了。这就是因得道而长生。"

"中古之时，有至人者[1]，淳德全道[2]，和于阴阳。调于四时，去世离俗。积精全神，游行天地之间，视听八达之外。此盖益其寿命而强者也。亦归于真人。"

注释

①至人：指次于真人的人。

②淳德：道德淳厚。

译文

"中古时期有至人，他道德淳厚，阴阳调和，顺应四时，避开世俗的干扰。聚集精气神思，悠游于天地之间，所见所闻能广达八方之外。这是能延长寿命、身体强健的人。这种人也可属于真人。"

"其次有圣人者，处天地之和，从八风之理，适嗜欲于世俗之间，无恚嗔之心①。行不欲离于世，举不欲观于俗。外不劳形于事，内无思想之患。以恬愉为务，以自得为功。形体不敝，精神不散，亦可以百数。"

注释

①恚（huì）嗔：怨怒、仇恨等意念。

干支历法十天干

译文

"其次有圣人，能处在天地自然之中，顺从八风的变化规律，使自己的欲望爱好和世俗相适应，没有怨恨之心。行为不脱离世俗准则，举动也没有仿效世俗而保有自己独特的风格。在外不使身体为事务所劳累，在内没有思想负担。以清静愉悦为本务，以悠然自得为目的。所以形体不容易衰老，精神也不会耗散，寿命也可以达到百岁。"

"其次有贤人者，法则天地①，象似日月②。辩列星辰③，逆从阴阳④。分别四时，将从上古。合同于道，亦可使益寿而有极时。"

注释

①法则：依从、遵循。

②象：仿效。

③辩：通"辨"，分辨。

④逆从：逆，违逆；从，顺从。逆从为偏义复词，偏义于从。

干支历法十二地支

译文

"其次有称作贤人的，能遵循天地变化的规律，仿效日月昼夜循环，分辨星辰的运行轨迹，顺从阴阳变化。他们根据四时气候的变化来调养身体，追随上古真人。以求合于养生之道，也可以延长寿命而接近自然的天寿。"

知识链接

　　《黄帝内经》作为中国传统文化的经典之作，不仅仅是一部经典的中医名著，更是一部博大精深的文化巨著，以生命为中心，从宏观角度论述了天、地、人之间的相互联系，讨论和分析了医学科学最基本的命题——生命规律，并创建了相应的理论体系和防治疾病的原则和技术，包含哲学、政治、天文等多个学科的丰富知识，是一部围绕生命问题而展开的百科全书。

探究活动

1. 本文提到的养生防病的法则是什么？
2. 通过了解中药药名的来历，认知中草药的作用及文化内涵。

中药名趣谈

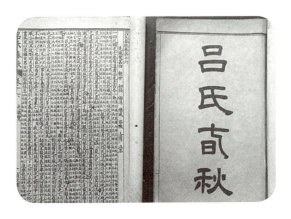

吕氏春秋（节选）

导 读

　　《吕氏春秋》，又称《吕览》，是战国末年秦相吕不韦集合门客们编撰的一部杂家名著。春秋战国时期百家争鸣，涌现出众多思想家和学派，如儒家、墨家、法家、阴阳家、道家及兵家等。司马迁在《史记》中谈"六家之要旨"时分别指出各家理论的长处和不足，并认为各家的长处"弗能废也""不可失也"，而各家的短处"不可不察也"。

　　《吕氏春秋》编写的目的是适应当时的政治需要，统一思想，融会贯通百家之长，为国家的长治久安提供治国方略。书中尊崇道家、儒家，同时融合阴阳、墨、法、兵众家长处，形成了包括政治、经济、哲学、道德、军事各方面的理论体系。

　　《汉书·艺文志》等将其列入杂家。《吕氏春秋》分为十二纪、八览、六论。十二纪每纪五篇共六十篇，八览每览八篇共六十三篇，六论每论六篇共三十六篇，另有《序意》一篇，共一百六十篇。十二纪按照月令编写，文章内容按照春生、夏长、秋收、冬藏的自然变化逻辑排列。

　　《重己》篇从"己之指"与"倕之指"，"己之一苍璧小玑"与"昆山之玉"，"吾生"与"爵为天子""富有天下"两两相对，深入思考了生命自身的价值和意义。

　　《尽数》篇把自然界明确作为人类观察研究的对象。"天生阴阳、寒暑、燥湿、四时之化、万物之变，莫不为利，莫不为害。圣人察阴阳之宜，辨万物之利以便生。"辨别自然之"利害"，体现了道家天道自然与社会治理的吻合。

倕①，至巧也。人不爱倕之指，而爱己之指，有之利故也。人不爱昆山之玉、江汉之珠②，而爱己之一苍璧小玑③，有之利故也。今吾生之为我有，而利我亦大矣。论其贵贱，爵为天子，不足以比焉；论其轻重，富有天下，不可以易之；论其安危，一曙失之④，终身不复得。此三者，有道者之所慎也⑤。

注释

①倕（chuí）：相传是尧时的巧匠。

②昆山：昆仑山，传说昆仑山出美玉。江汉：长江、汉水，传说江汉有夜明珠。

③苍璧：含石多的玉。小玑（jī）：小而不圆的珍珠。

④一曙：一旦。

⑤有道者：这里指善于养生的人。

译文

倕是最巧的人，但是人们不爱惜倕的手指，却爱惜自己的手指，这是由于它属于自己所有而有利于自己的缘故。人们不爱惜昆山的美玉、江汉的明珠，却爱惜自己的一块含石的次等玉石、一颗不圆的小珠，这是由于它属于自己所有而有利于自己的缘故。如今，我的生命属于我自己所有，因而给我带来的利益也是极大的。就贵贱而论，即使贵为天子，也不足以同它相比；就轻重而论，即使富有天下，也不能同它交换；就安危而论，一旦失掉它，终身不可再得到。正是由于这三个方面的原因，有道之人对生命才特别小心谨慎。

天生阴阳、寒暑、燥湿、四时之化、万物之变，莫不为利，莫不为害。圣人察阴阳之宜，辨万物之利以便生①，故精神安乎形，而年寿得长焉。长也者，非短而续之也，毕其数也②。毕数之务，在乎去害③。何谓去害？大甘、大酸、大苦、大辛、大咸④，五者充形则生害矣⑤。大喜、大怒、大忧、大恐、大哀，五者接神则生害矣⑥。大寒、大热、大燥、大湿、大风、大霖、大雾⑦，七者动精则生害矣⑧。故凡养生，莫若知本，知本则疾无由至矣。

注释

①便：利。

②毕：尽。数：指寿数，人的自然的寿命。

③去：避开。

④大：指过分、超过正常限度。

⑤充：塞。形：形体，与文中的"精""神"相对

⑥接神：与精神接合。

⑦霖：连绵的大雨。

⑧动：摇动。精：指人体内的精气。

译文

天生出阴阳、寒暑、燥湿，以及四时的更替、万物的变化，没有一样不给人带来益处，也没有一样不对人产生危害。圣人能洞察阴阳变化的合宜之处，能辨析万物的有利一面，以利于生命，因此，精、神安守在形体之中，寿命能够长久。所谓长久，不是说寿命本来短而使它延长，而是使寿命终其天年。终其天年的关键在于避开危害。什么叫避开危害？过甜、过酸、过苦、过辣，过咸，这五种东西充满形体，那么生命就受到危害了。过喜、过怒、过忧、过恐、过哀，这五种东西和精神交接，那么生命就受到危害了。过冷、过热、过燥、过湿、过多的风、过多的雨、过多的雾，这七种东西摇动人的精气，那么生命就受到危害了。所以，凡是养生，没有比懂得这个根本更重要的了，懂得了根本，疾病就无从产生了。

凡食，无强厚味[①]，无以烈味重酒[②]，是以谓之疾首[③]。食能以时，身必无灾。凡食之道，无饥无饱，是之谓五藏之葆[④]。口必甘味，和精端容，将之以神气[⑤]，百节虞欢[⑥]，咸进受气[⑦]。饮必小咽，端直无戾[⑧]。

注释

①强厚：指具有浓烈厚味的食物，即下文的"烈味""重酒"。

②重：浓烈。

③疾首：导致疾病的开端。

④五藏（zàng）：即五脏，指脾、肺、肾、肝、心。葆：安。

⑤将：养。神气：即精气、精神。

⑥百节：指周身关节。本书《达郁》篇说"凡人三百六十节"，说"百节"，称其全数。虞：娱，舒适。

⑦咸：都。受气：受到精气的滋养。

⑧戾：这里是扭转的意思。

译文

凡饮食，不要滋味过浓，不吃厚味，不饮烈酒，它是招致疾病的根源。饮食能有节制，身体必然没灾没病。饮食的原则，要保持不饥不饱的状态，这样五脏就能得到安适。一定要吃可口的食物；进食的时候，要精神和谐，仪容端正，用精气将养，这样，周身就舒适愉快，都受到了精气的滋养。饮食一定小口下咽，坐要端正，不要歪斜。

养由基射兕[①]，中石，矢乃饮羽[②]，诚乎兕也。伯乐学相马[③]，所见无非马者，诚乎马也。宋之庖丁好解牛[④]，所见无非死牛者，三年而不见生牛，用刀十九年，刃若新磨研，顺其理，诚乎牛也。

注释

①养由基：春秋时楚国大夫，以善射著称。兕：兽名，属犀牛类。

②饮羽：箭射入石中，尾部羽毛隐没不见。

③伯乐：春秋秦穆公时人，以善相马著称。

④庖丁：名叫丁的厨师。解牛：分卸牛的肢体。庖丁解牛之事可参见《庄子·养生主》。

译文

　　养由基射兕，射中石头，箭羽没入石中，这是由于他把石头当成兕，精神集中于兕的缘故。伯乐学相马，眼睛看到的除了马以外没有别的东西，这是由于他精神集中于马的缘故。宋国的庖丁喜好分卸牛的肢体，眼睛看到的除了牛以外没有别的东西，整整三年眼前不见活牛；一把刀用了十九年，刀刃仍然锋利得像刚刚磨过，这是由于他分卸牛的肢体时顺着牛的肌理，精神集中于牛的缘故。

知识链接

　　太子政立为王，尊吕不韦为相国，号称"仲父"……当是时，魏有信陵君，楚有春申君，赵有平原君，齐有孟尝君，皆下士喜宾以相倾。吕不韦以秦之强，羞不如，亦招致士，厚遇之，致食客三千人。是时诸侯多辩士，如荀卿之徒，著书布天下。吕不韦乃使其客人人著所闻，集论以为八览、大论、十二纪，二十余万言，以为备天地万物，古今之事，号曰《吕氏春秋》。布咸阳市门，悬千金其上，延诸侯游士宾客有能增损一字者予千金。

——《史记·吕不韦列传》

探究活动

　　《吕氏春秋》中流传的经典故事非常多，如一字千金、刻舟求剑、高山流水、竭泽而渔等，找出五个《吕氏春秋》中的经典故事，并谈谈你的认识。

第七章

安贫乐道 物尽其用

本章引言

　　在数千年的文明发展中，中华民族流传下来的很多动人心弦的优秀传统美德，是中华优秀传统文化的宝贵文化精髓，也是涵养优秀人格的宝贵道德资源，被世代中华儿女所继承和发展。

　　在历史的发展中，有很多品性端方、志向高洁的君子，面对功名利禄、金钱富贵的诱惑，淡然处之，坚守内心的道德修养，安贫乐道。安贫乐道是中国古人的一种立身处世之道，也是修身养德的生活方式。"安贫"反映的是对清贫的物质生活安然恬静的一种坦然态度，"乐道"反映的是对真理孜孜不倦地追求。

　　在社会生活中，追求理想人格的高尚之人洁身自好，坚守道义，不为富贵、名利所驱使，无论贫穷还是富足，始终以一种坚定不移的道德人格，行廉守节，修身养性，不断完善人格修养，实现自我生命的升华。

学习目标

知识目标：

1. 了解中华优秀传统文化的传统美德。

2. 理解文章内容及作者观点。

能力目标：

1. 学习逐层说理、对比论证的写作特点。

2. 用正确的立场、观点和方法分析传统美德，增强道德判断能力。

素养目标：

1. 学习中华优秀传统美德，追求更高的精神境界。

2. 以德持身，不断发展自我、完善自我，树立正确的世界观、人生观和价值观。

思维导图

安贫乐道　物尽其用

- 左传·介子推不言禄
- 国语·叔向贺贫
- 墨子·节用上

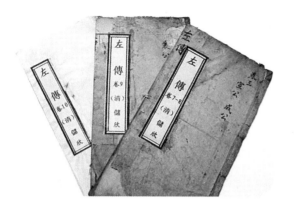

导 读

《左传》原名《左氏春秋传》，又称《春秋左氏传》，与《春秋公羊传》《春秋谷梁传》合称"《春秋》三传"，是配合《春秋》的编年史。

《左传》是我国现存的第一部叙事详细的编年体史书，据传原为春秋左丘明所著，现传本内容经过后人增益。《左传》记载了从鲁隐公元年（公元前 722 年）到鲁哀公二十七年（公元前 468 年）之间的历史。《左传》采用叙史与论述相结合的方式，既反映了历史，也表达了作者的思想，为后代叙事、议事相结合的写作树立了典范。

介之推又名介子推，是春秋时期晋国大臣。晋国内乱后，公子重耳逃亡，介子推同狐偃、赵衰等人追随一同逃亡。重耳归国后，当上晋国国君，对逃亡过程中辅佐有功的臣子进行封赏，却忘了介之推。而介之推也没有主动请赏，即本文一开始的"晋侯赏从亡者，介之推不言禄，禄亦弗及"。本文通过介之推与母亲的对话，表达了介之推鄙弃功名利禄的气节、归隐淡泊的境界。

晋侯赏从亡者^①，介之推不言禄^②，禄亦弗及。

注释

①晋侯：晋文公重耳。从亡者：跟随他一起流亡的人。重耳当时在外流亡十九年，介子推同狐偃、赵衰等人追随其一同逃亡，后重耳在秦国的帮助下回到晋国继承了君位。

②禄：封赏，禄赏。

译文

晋侯赏赐跟随他一起流亡的人，介之推没有要求禄赏，禄赏也就没有给他。

推曰："献公之子九人^①，唯君在矣。惠、怀无亲^②，外内弃之。天未绝晋，必将有主。主晋祀者，非君而谁？天实置之^③，而二三子以为己力^④，不亦诬乎^⑤？窃人之财，犹谓之盗，况贪天之功以为己力乎？下义其罪，上赏其奸^⑥，上下相蒙^⑦，难与处矣！"

注释

①献公：晋文公的父亲晋献公。

②惠、怀：晋惠公、晋怀公。晋惠公是晋文公的弟弟，是晋怀公的父亲。

③置：安排。

④二三子：指跟随晋文公逃亡的人。

⑤诬：欺骗。

⑥下义其罪，上赏其奸：在下位的人（臣子）把自己的罪恶当作正义行为，在上位的人（君主）对他们做的坏事加以奖赏。义：用作动词，当作正义。

⑦蒙：蒙蔽，欺骗。

译文

介之推说："献公的儿子有九个，唯独国君还在。惠公、怀公没有亲信，（国）内外都遗弃他们。上天没有弃绝晋国（的打算），晋国一定会有君主。主持晋国祭祀的人，不是他还有谁呢？上天实际已经安排好了（谁做君主），而跟随君主流亡的这些人却认为是他们自己的功劳，这不是很荒谬吗？偷别人的财物，还被叫作盗贼，更何况是贪取上天的功劳把它当作自己的功绩呢？在下位的臣子把自己的罪恶当作正义行为，在上的（国君）对他们的坏事加以奖赏，上下互相欺瞒，难以和他们相处啊。"

其母曰："盍亦求之^①，以死谁怼^②？"对曰："尤而效之^③，罪又甚焉，且出怨言，不食其食^④。"其母曰："亦使知之若何？"对曰："言，身之文也^⑤。身将隐，焉用文之？是求显也^⑥。"其母曰："能如是乎？与女偕隐。"遂隐而死。

注释

①盍：何不。

②怼：怨恨。

③尤：过失，在这里做动词，认为是过错。

④不食其食：第一个食，意为吃，动词；第二个食，意为俸禄，名词。

⑤文：纹路，装饰。

⑥显：显露。

译文

介子推的母亲说："你何不也向他求禄赏，如果就这样死去，那又能怨恨谁呢？"介之推回答说："认为他们这样做是错误的而又去效法他们，罪过就更大了，而且又口出怨言，不应当再食用他的俸禄了。"他的母亲说："也要让他们知道这件事，怎么样？"介之推回答说："语言，是自身行为的装饰。身体将要隐藏了，哪里用得着装饰？这样做是求显露啊。"他的母亲说："你能够这样做吗？（如果可以）我和你一起隐居。"于是介之推就隐居一直到死。

晋侯求之，不获，以绵上为之田①，曰："以志吾过②，且旌善人③。"

注释

①绵上：地名，在今山西介山下。田：祭田。

②志：记载。

③旌：表彰。

译文

晋侯到处寻找他，没有找到，就把绵上这个地方作为他的封田，说："用它来标志我的过失，并且表彰好人。"

寒食节在阴历冬至后 105 日，清明节前一二日。寒食节起源于古代的钻木、求新火之制。古人钻木取火时，根据不同的季节，采用不同的木材，如春天取榆树、柳树，夏天取枣树、杏树。因此，到季节更替的时候，有改季改火之俗。而每次改火之后，就要换取新火。新火未至，就禁止人们生火。这种风俗延续下来，便形成了后来的禁火节。

禁火节后来又转化为寒食节，用以纪念春秋时期晋国的名臣义士介子推。传说晋文公流亡 19 年的时间里，介子推一直在其左右，曾经割股为他充饥。晋文公归国为君后，分封群臣时却忘记了介子推。介子推不愿夸功争宠，携老母隐居于绵山。为了纪念这位忠臣义士，于是在介子推死难之日不生火做饭，要吃冷食，称为寒食节。唐代诗人卢象的《寒食》诗"子推言避世，山火遂焚身。四海同寒食，千秋为一人"所言即是寒食节的来历。

介子推为什么不言禄？介子推精神的精髓是什么？

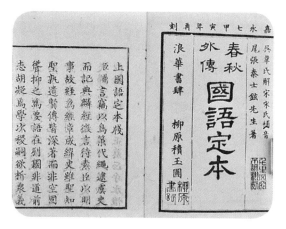

导读

　　《国语》是我国第一部国别体史书，记录上自公元前967年周穆王的时代，下至公元前453年智伯被灭。《国语》共二十一卷，记载了周、鲁、齐、晋、郑、楚、吴、越八国士人的言论，对历史事件的描写则比较简略。因为编纂方法是以国分类，以语为主，所以被称为"国语"。

　　《国语》的作者，自古存在争议，迄今未有定论。司马迁在《报任安书》中说："左丘失明，厥有《国语》。"东汉班固在《汉书·艺文志》中也记载："《国语》二十一篇，左丘明著。"现在一般认为，《国语》是不知名的战国史家依据春秋时期史料整理汇编而成的。《国语》内容有很强的伦理倾向，尊礼重德，政治上主张重视民意。

　　本篇选自《国语·晋语》，记叙了叔向劝说韩宣子不要患贫，而要忧德的故事。文章通过人物对话的方式，描述了叔向采用了正反结合、层层深入的论证方式，阐明了贫可贺、富可忧，可贺可忧的关键在于是否有德的道理；指明了居贫修德，能使国家强盛，人民安居乐业，而忧贫丧德、骄横放纵，便会祸国殃民，害己害人。

叔向见韩宣子①，宣子忧贫，叔向贺之。宣子曰："吾有卿之名，而无其实，无以从二三子②，吾是以忧，子贺我何故？"

🐚 注释

①韩宣子：名起，是晋国的卿。

②无以从二三子：没有供给宾客往来的费用，意思是家里贫穷，不能跟晋国的卿大夫交往。从：交往。二三子：指晋国的卿大夫。

🐚 译文

叔向去拜见韩宣子，宣子正在为贫困忧愁，叔向就祝贺他。韩宣子说："我有卿大夫的虚名，却没有卿大夫之实，没什么（财富荣誉）同诸位卿大夫往来，我正为此发愁，你却祝贺我是什么缘故呢？"

对曰："昔栾武子无一卒之田①，其宫不备其宗器②，宣其德行，顺其宪则③，使越于诸侯④，诸侯亲之，戎、狄怀之⑤，以正晋国。行刑不疚⑥，以免于难。及桓子骄泰奢侈⑦，贪欲无艺，略则行志⑧，假贷居贿⑨，宜及于难，而赖武之德，以没其身⑩。及怀子改桓之行⑪，而修武之德，可以免于难，而离桓之罪，以亡于楚⑫。夫郤昭子⑬，其富半公室，其家半三军，恃其富宠，以泰于国，其身尸于朝，其宗灭于绛。不然，夫八郤，五大夫，三卿⑭，其宠大矣，一朝而灭，莫之哀也，唯无德也。今吾子有栾武子之贫，吾以为能其德矣，是以贺。若不忧德之不建，而患货之不足，将吊不暇⑮，何贺之有？"

🐚 注释

①栾武子：栾书，晋大夫。一卒之田：一百顷田地，是当时上大夫的俸禄。

②宗器：祭器。

③宪则：法则。

④越：超越，高扬，这里指传播。

⑤怀：归服。

⑥行刑不疚（jiù）：指栾书弑杀晋厉公而不被国人责难。刑：法，就是前边的"宪则"。疚：诟病。

⑦桓子：即栾黡，栾武子之子。

⑧略则行志：忽略法制，任意行事。

⑨假贷居贿：把财货借给人家从而取利。贿：财。

⑩以没其身：终生没有遭到祸患。

⑪怀子：即栾盈，桓子之子。

⑫离桓之罪，以亡于楚：（怀子）因桓子的罪恶而遭罪，终于逃亡到楚国。离：同"罹"，遭到。

⑬郤昭子：郤至，晋国的卿。

⑭八郤，五大夫，三卿：郤氏八个人，其中五个大夫，三个卿。

⑮吊：忧虑。

译文

叔向说："从前栾武子（身为晋国上卿）没有一百项的田地，家中（穷的）置备不齐祭器，可他却能够发扬德行，遵循法则，使自己的声名远播诸侯，诸侯都亲近他，戎、狄等少数民族都归服他，因此使晋国安定下来。施行法令没有诟病，所以避免了灾难。到桓子时，他骄纵奢侈，贪得无厌，违法妄为，放利聚财，本应遭受祸难，只是依仗他父亲栾武子的余德，才得以善终。到了怀子，一改桓子的胡作非为，学习祖父武子的德行，本来可以凭借这些免除祸难，可是受到父亲桓子罪行的连累，只能逃亡到楚国。那个郤昭子，他的财富抵得上晋国公室财产的一半，他家的人几乎占了三军中的一半，依仗自己的财富和权势，在晋国奢侈到了极点，最后尸首被放在朝堂上示众，宗族也在绛城被灭绝。如果不是这样，郤氏八人，有五个大夫、三个卿，他们的权势够大了，可一旦被诛灭，没有谁同情哀悼他们，就是因为没有德行啊。现在你有栾武子那样的清贫，我认为你也能具有他的德行，所以向你道贺。如果不为自己德行还没有建立忧虑，却担忧财富不足，我哀悼您还来不及，又祝贺什么呢？"

宣子拜，稽首焉①，曰："起也将亡②，赖子存之，非起也敢专承之，其自桓叔以下嘉吾子之赐③。"

注释

①稽首：顿首，把头叩到地上。

②起：韩宣子自称他自己的名字。

③桓叔：韩氏的始祖。

译文

韩宣子（向他）下拜叩头，说："我正在毁灭的路上，依赖您拯救了我，您的恩惠不独是我一个人承受的，从我的先祖桓叔以下的（子孙）都要感激您的恩赐。"

春秋后期，诸侯各国中的卿大夫势力不断扩张，逐渐威胁到本国的君权。其中，君主与卿大夫矛盾最激烈的是晋国。

公元前576年，晋厉公灭掉了控制朝政的郤氏家族。但是，公室弱而卿大夫强的局面已难以扭转。公元前573年，另两家权贵栾书、中行偃杀厉公而立悼公。此后，晋悼公虽曾一度称霸诸侯，但在国内始终未能摆脱卿大夫势力的制约。悼公之后，晋国进入卿大夫争权的阶段。这种局面一直发展到春秋末期的韩、赵、魏三家分晋。

在卿大夫向君主夺权和卿大夫与卿大夫倾轧的纷争形势下如何保全自身与家族呢？叔向有他的远见。他认为，只有甘居清贫，推行美德，争取民心，才能免却灾祸。

探究活动

1. 叔向怎样向韩宣子阐述不要患贫而要忧德的道理的？
2. 学习本文正反结合的对比论证方式。

导 读

　　墨子（生卒年不详），名翟，是我国先秦时期著名的思想家、政治家，墨家学派的创始人。《墨子》是战国时期的哲学著作，由墨子自著和弟子记述墨子言论两部分组成。该书记录了墨子一生的言行，是一部阐述墨家思想的名著。墨子主张尚贤、尚同、兼爱、非攻、节用、节葬等理念。《墨子》中还包含几何学、物理学、光学等许多自然科学的内容。墨子死后，墨家分为相里氏之墨、相夫氏之墨、邓陵氏之墨三个学派。

　　本篇节选自《墨子·节用上》。《节用》篇是墨子"节用"思想的集中体现，墨子认为"去无用之费，圣王之道，天下之大利也"，节用的核心在于物尽其用。能满足基本需求即可。凡是不实用、不能使人民获利的，都无须去做。墨子生活的战国时期，社会动荡，战乱频仍，战争和统治者的奢靡无度使下层百姓遭受了巨大的苦难。本篇中墨子对这种现象表达了不满与抨击。墨子的节用观，是中华民族勤俭节约传统美德的体现，至今仍有积极的现实意义。

圣人为政一国，一国可倍也[1]；大之为政天下[2]，天下可倍也。其倍之非外取地也，因其国家，去其无用之费，足以倍之。圣王为政，其发令兴事[3]，使民用财也，无不加用而为者[4]，是故用财不费[5]，民德不劳[6]，其兴利多矣。

注释

① 倍：加倍。

② 大：扩大。

③ 发令：发布政令。兴：兴办。

④ 加用：更有用、更有价值。

⑤ 费：浪费。

⑥ 德：通"得"。

译文

圣人治理一个国家，一国的财力可以成倍增长。扩大到（让他）治理整个天下，天下的财力也可以成倍增长。这种财力加倍的原因，并不是靠向外掠夺土地，而是他根据国家情况省去了无用的费用，因而财力足以成倍增长。圣王施政，他发布命令、举办事业、使用民力和财物，没有不是有益于实用才去做的。所以使用财物不浪费，民众能不劳苦，他能给百姓办的好事实事就多了。

其为衣裘何？以为冬以圉寒[1]，夏以圉暑。凡为衣裳之道，冬加温，夏加清者，则止不加者去之[2]。其为宫室何？以为冬以圉风寒，夏以圉暑雨，有盗贼加固者，则止不加者去之。其为甲盾五兵何[3]？以为以圉寇乱盗贼，若有寇乱盗贼，有甲盾五兵者胜，无者不胜。是故圣人作为甲盾五兵。凡为甲盾五兵加轻以利[4]，坚而难折者，则止不加者去之。其为舟车何？以为车以行陵陆[5]，舟以行川谷，以通四方之利。凡为舟车之道，加轻以利者，则止不加者去之。凡其为此物也，无不加用而为者，是故用财不费，民德不劳，其兴利多矣。

注释

① 圉（yǔ）：通"御"，抵御。

② 不加：无益。去：去掉。

③ 五兵：戈、殳、戟、酋矛、夷矛五种兵器。

④ 加轻以利：使更加轻便锐利。

⑤ 陵：大土山。陵陆：陆地。

译文

他们制造衣裘是为了什么呢？冬天用以御寒，夏天用以防暑。凡是缝制衣服的原则，冬天能增加温暖，夏天能增加凉爽，就用它；反之，无益的就去掉。他们建造房子是为了什么呢？冬天用来抵御风寒，夏天用来防御炎热和雨水。有盗贼（侵入）时能够增加防守坚固性，就使用它；反之，无益的就去掉。他们制造铠甲、盾牌和戈矛等五种兵器是为了什么呢？是用来抵御外寇和盗贼的。如果有外寇盗贼（入侵），拥有铠甲、盾牌等五种兵器的就能胜利，没有的就会失败。所以圣人制造铠甲、盾牌等五种兵器。凡是制造铠甲、盾牌等五种兵器，能增加轻便锋利、坚韧而难折断的，就使用它；如果不能达到这个目的就舍弃不用。他们制造车、船是为了什么呢？因为车要在陆地上行走，船要在水道行驶，以此沟通四方的利益。凡是制造车、船的原则，能增加轻快便利的，就使用它；不能达到这个标准的就去掉。凡是他们制造这些东西，无一不是有益于实用才去做的。所以使用财物不浪费，民众百姓不劳累困乏，国家给百姓的利益好处就多了。

有去大人之好聚珠玉、鸟兽、犬马①，以益衣裳、宫室、甲盾、五兵、舟车之数于数倍乎②！若则不难，故孰为难倍③？唯人为难倍。然人有可倍也。昔者圣王为法曰："丈夫年二十，毋敢不处家④。女子年十五，毋敢不事人⑤。"圣王既没，于民次也⑥，其欲蚤处家者，有所二十年⑦处家；其欲晚处家者，有所四十年处家。以其蚤与其晚相践⑧，后圣王之法十年。若纯三年而字，子生可以二三年矣。此不惟使民蚤处家，而可以倍与？且不然已。

注释

① 有：又。好：喜好。聚：搜集，积聚。

② 甲盾：古代军事装备，即铠甲和盾牌。

③ 难倍：不容易加倍。

④ 丈夫：男子。处家：成家。

⑤ 事人：嫁人。

⑥ 于民次：次同"恣"，听任。"于民次"即听任百姓所欲之意（指嫁娶之事）。

⑦ 有所：有时。二十年：二十岁。

⑧ 践：比较。

译文

又去掉王公大人搜集珠玉、鸟兽、狗马的爱好，用来增加衣服、房屋、兵器、车船的数量，使之增加数倍，这也是不难的。什么是难以倍增的呢？只有人口是难以倍增的。然而人口也有可以倍增的办法。古代圣王制定法则，说道："男子年到二十，不许不成家，女子年到十五，不许不嫁人。"圣王既已去世，听任百姓放纵自己，那些想早点成家的，有的二十岁就成家，那些想迟点成家的，有的四十岁才成家。拿早的与晚的相减，与圣王的法则差了十年。如果婚后都三年生一个孩子，就可多生两三个孩子了。这不是使百姓早成家而使人口倍增吗？然而（现在执政的人）不这样做罢了。

今天下为政者，其所以寡人之道多①，其使民劳，其籍敛厚②，民财不足，冻饿死者不可胜数也。且大人惟毋兴师以攻伐邻国③，久者终年，速者数月，男女久不相见，此

所以寡人之道也。与居处不安，饮食不时，作疾病死者④，有与侵就援橐⑤，攻城野战死者，不可胜数。此不令⑥为政者，所以寡人之道数术⑦而起与？圣人为政特无此。夫圣人为政，其所以众人之道亦数术而起与？

注释

①寡人：减少人口。道：原因、缘故。

②籍敛：赋税。

③大人：当政者。毋：不要。

④作：发生。

⑤援橐（tuó）：橐，举火攻城之具。

⑥不令："不"释为"犹"，"令"当为"今"，现在。

⑦数术：措施，政策。

译文

现在执政的人，他们使人口减少的缘故很多。他们使百姓劳乏，他们搜刮民脂民膏。百姓因财用不足而冻死饿死的，不可胜数。而且当政者兴师动众去攻打邻国，时间长的要一年，快的也要数月，男女夫妇很久不相见，这就是人口减少的一个原因。再加上生活不安定，饮食不按时，生病而死的，以及（因为战争）被掳掠俘虏。攻城野战而死的，也不计其数。这是现在当政者采取多种手段而造成人口减少的原因吧！圣人施政绝对没有这种情况，圣人施政，使人口增多的方法不也很多吗？

故子墨子曰："去无用之费，圣王之道，天下之大利也。"

译文

所以墨子说："除去无用的费用，是圣王之道，这是对天下大大有益的事啊。"

子墨子言见染丝者而叹曰：染于苍则苍，染于黄则黄。所入者变，其色亦变。五入必，而已则为五色矣。故染不可不慎也！非独染丝然也，国亦有染。——《墨子·所染》

子禽问曰："多言有益乎？"墨子曰："虾蟆蛙蝇，日夜而鸣，舌擗，然而不听。今鹤鸡，时夜而鸣，天下振动。多言何益？唯其言之时也。"——《墨子·墨子佚文》

探究活动

根据选文，理解并概括墨子的节用思想。

第八章

好学不倦 精益求精

本章引言

　　笃信好学、精益求精是中华民族重要的精神品质。几千年来，在这一精神品质的熏陶下，中华民族产生了无数的能工巧匠，创造了光辉灿烂的物质文明。早在《诗经》中，就把对骨器、象牙、玉石的加工形象地描述为"如切如磋""如琢如磨"；《庄子》中的庖丁解牛更是达到了出神入化的境界，这都反映了我国古代的能工巧匠们不断追求技艺精进的精神品格。

　　古代匠人之所以能达到鬼斧神工的至高境界，是他们道技合一、刻苦训练和反复实践的结果。这种孜孜不倦的好学态度，臻于完善的人生境界，使得工匠精神成为中华优秀传统文化的重要内容和宝贵财富。

学习目标

知识目标：

1. 了解先秦时期的教育理论、教育制度、教学原则和方法。

2. 了解先秦时期我国科学技术的发展和分类。

能力目标：

1. 掌握学习能力发展的途径和方法。

2. 道技合一，培养敢于创新的能力。

素养目标：

1. 学习古代学者精益求精、追求卓越的精神。

2. 了解中国古代光辉灿烂的文化成就，激发强烈的民族自信心和自豪感。

思维导图

好学不倦　精益求精

礼记·学记（节选）

考工记（节选）

礼记·学记（节选）

导 读

　　《礼记》除了阐释古礼经义之外，也选编儒家礼论著述，因此也是后人深入研究儒学思想的重要资料。通过《礼记》可以了解儒家小至修身、大至治国的种种思想。

　　本篇节选自《礼记·学记》。《学记》是《礼记》的第十八章，具体涉及我国古代教育的目标、教育的内容、教育的方法、教育的效果等内容。文章精要简练地反映了对教育教学的深刻认识与见解，内容广泛，思想深邃，首次从理论上对教育教学进行了全面的总结。

　　本篇节选的第一段深刻揭示了教与学之间的辩证关系，两者相互依存，相互促进，学然后知不足，教然后知困，从而"教学相长"，"学"因"教"而日进，"教"因"学"而益深。第二段提出了"豫""时""逊""摩"教育之所以能够兴盛的办法，即预防、适时、循序和观摩。第三段提出了六点教育失败的原因。第四段论述了增进学问的方法。郑玄《礼记目录》云："名曰'学记'者，以其记人学、教之义。"本篇所谓的"学"，内涵相当丰富，有教导、学习等不同意义。朱熹《仪礼经传通解》中更具体指出，本篇是谈古代学校教人、传道、授业的顺序，以及教育得失与兴废的缘由，因此称为"学记"。

115

虽有佳肴，弗食不知其旨也；虽有至道，弗学不知其善也。是故学然后知不足，教然后知困。知不足然后能自反也，知困然后能自强也。故曰：教学相长也。《兑命》曰："学学半。"①其此之谓乎！

注释

①兑命："兑命"应当作"说命"，《尚书》佚篇名。学学半：教与学，各获益一半。第一个"学"即"教学"。

译文

虽然有美食佳肴，不亲口品尝，是不会知道它的美味的；虽然有高深的道理，不去领会学习，也不会明白它好在哪里。因此，只有不断学习之后才知道自己有什么地方是不足的，通过教人之后才发现自己的困惑。知道自己的不足之处，才能够严格反省自己；发觉自己的困惑之后才会发奋图强。所以说，教与学是相互促进的。《兑命》篇说："教与学，各获益一半。"说的就是这个道理。

大学之法：禁于未发之谓豫①；当其可之谓时；不陵节而施之谓孙②；相观而善之谓摩。此四者，教之所由兴也。

注释

①预：预防。

②陵节：超越阶段。孙：通"逊"，顺也。

译文

大学施教的方法是：在邪念未萌发之前就加以防止，这叫作预防；在可以接受教育的时候再加以教育叫作适时；不超越受教育者的阶段而循序渐进地进行教育，这叫作合乎顺序；互相观察而学习别人的优点，这叫作观摩。以上四点，是教育之所以能够兴盛的办法。

发然后禁，则扞格①而不胜；时过然后学，则勤苦而难成；杂施而不孙，则坏乱而不修；独学而无友，则孤陋而寡闻；燕朋逆其师②，燕辟废其学③。此六者，教之所由废也。

注释

①扞（hàn）格：抵触。

②燕：轻慢。

③燕辟：轻慢老师教学的譬喻。

译文

如果等到坏事情发生了才去禁止，坏习惯已经根深蒂固，再去教育就会产生抵触而不易消除。如果错过了学习的最佳时机以后才去学习，学起来就会劳累辛苦而难有成

效。如果教学杂乱无章，而不是依照顺序循序渐进，教学就会陷入混乱，杂乱无章而不可修复。如果一人独学，没有朋友相互切磋交流，就会孤陋寡闻，见闻就不广博。如果和轻慢的人交友，就会违背师长的教诲，轻慢老师教学的譬喻，就会荒废学业。这六点就是教育之所以失败的缘由。

善学者，师逸而功倍①，又从而庸之②。不善学者，师勤而功半，又从而怨③之。善问者如攻④坚木，先其易者，后其节目⑤，及⑥其久也，相说⑦以解。不善问者反此。善待问者如撞钟，叩⑧之以小者则小鸣，叩之以大者则大鸣，待其从容，然后尽其声。不善答问者反此。此皆⑨进学⑩之道也。

注释

①逸：安闲，这里指费力小。功：效果。

②庸：功劳。

③怨：埋怨，抱怨。

④攻：治，加工处理木材。

⑤节目："节"是指树的枝干交接处；"目"是指纹理不顺处，泛指节疤。

⑥及：等到。

⑦说：同"悦"，愉悦。

⑧叩：敲。

⑨此：这些。皆：都是。

⑩进学：增进学问。

译文

善于学习的人，老师教起来轻松而效果加倍，学生又把功劳归于老师。不善于学习的人，老师教起来十分辛苦而效果减半，学生又因此埋怨老师。善于发问的人，好比加工处理坚硬的木材，要先从容易的部位开始，然后再砍伐坚硬的关节处，等到时间久了，问题就可以解决了；不善于发问的人正与此相反。善于回答问题的老师，对待发问就像对待撞钟一样，（撞击者）轻轻地叩，钟声（的回响）就小，（撞击者）用力地扣，钟声（的回响）就大，等发问者理解之后，再深入解说，尽可能和发问者产生共鸣。不善于回答问题的老师正与此相反。这都是增进学问的方法。

知识链接

我国最早学校的设置情况，从文献看，可以追溯到虞舜至夏商时期，《礼记·王制》记载："有虞氏养国老于上庠，养庶老于下庠。夏后氏养国老于东序，养庶老于西序。殷人养国老于右学，养庶老于左学。周人养国老于东胶，养庶老于虞庠，虞庠在国之西郊。"《孟子》又说："夏曰校，殷曰序，周曰庠；学则三代共之，皆所以明人伦也。"

《礼记·明堂位》："殷人设右学为大学，左学为小学，而作乐于瞽宗。"商代的小学是指地方诸侯或方国举办的学校；大学是指中央政府设立的学校，包括"右学"和"瞽宗"。西周时期教学较为完善，分为国学、乡学和"遂学"。国学，是专门为上层贵族子弟开设的教学机构，属于"官学"。遂学，顾名思义即在遂野这样的偏远之地办学校。春秋战国时期，"百家争鸣"，私学兴起。到了汉代，汉武帝在中央设置最高学府"太学"。"太学"是中国第一所具有完备规制的学校。

探究活动

1. 如何理解文中所讲的"教学相长"的意义？

2. 书院是中国古代教育机构的一种，请谈一谈你对书院的认识。

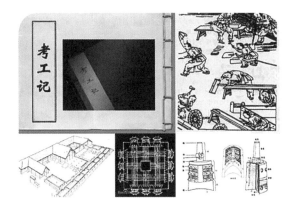

考工记（节选）

导 读

　　《考工记》出自《周礼》，是我国先秦时期手工艺专著，也是我国第一部手工艺技术汇编。该书在我国科技史、工艺美术史和文化史上都占有重要地位。《中国科学技术史》一书中，认为《考工记》是"研究中国古代技术史的最重要的文献"。《考工记》的作者不详，主体内容编纂于春秋末至战国初，部分内容补于战国中晚期。

　　《考工记》共7100余字，篇幅并不长，但科技信息含量却相当大，记述了官营手工业各工种的规范和制造工艺。以大量篇幅记载了器物制作的规范，记述了木工、金工、皮革、染色、刮磨、陶瓷等六大类30个工种的内容，反映出当时我国所达到的科技及工艺水平。内容涉及先秦时代的制车、兵器、礼器、建筑、水利等手工业技术，此外还有数学、地理学、力学、声学、建筑学等多方面的知识和经验总结。

　　《考工记》将制作精工产品规定为手工业生产的目标，提出"天有时，地有气，材有美，工有巧，合此四者，然后可以为良"，将天时、地气、材美和工巧以及四者的结合，看作必备的条件和重要的生产方法。"天有时"是时间概念，这里认为天时节令的变化会影响原材料的质量，进而影响制成品的质量。同时也重视地气，"地有气"指的是空间概念，是由于某些地方生产的某种原材料质量较优。这在当时是一个较为系统的理论总结，即使在今天也仍然可以作为工艺制作的基本法则。

　　《考工记》"上承我国古代奴隶社会青铜文化之遗绪，下开封建时代手工业技术之先河"，广为流传，在历史上发挥过重要的作用和影响。

国有六职，百工与居一焉①。或坐而论道，或作而行之，或审曲面埶②，以饬五材③，以辨民器④，或通四方之珍异以资之，或饬力以长地财；或治丝麻以成之。坐而论道，谓之王公。作而行之，谓之士大夫。审曲面埶，以饬五材，以辨民器，谓之百工。通四方之珍异以资之，谓之商旅。饬力以长地财⑤，谓之农夫。治丝麻以成之，谓之妇功⑥。粤无镈⑦，燕无函⑧，秦无庐⑨，胡无弓、车。粤之无镈也，非无镈也，夫人而能为镈也；燕之无函也，非无函也，夫人而能为函也；秦之无庐也，非无庐也，夫人而能为庐也；胡之无弓车也，非无弓车也，夫人而能为弓车也。知者创物，巧者述之，守之世，谓之工。百工之事，皆圣人之作也。烁金以为刃⑩，凝土以为器，作车以行陆，作舟以行水，此皆圣人之所作也。

注释

①百工：周代主管营建制造的职官名，也可指各种工匠。

②审曲面埶：审，审视、考察、评估；埶，同"势"。审曲：审视材料的外部特征（如曲直等）。面埶：考察材料的内在特性。

③饬：整治，整顿。五材：金（铜）、木、皮、玉、土五种材料。

④辨："办"的本字，置备。

⑤地财：大地的财富，主要指谷物等。

⑥妇功：女功，又称女红，指纺织、刺绣、缝纫等工作或这类工作的成品。

⑦镈：锄草的农具。

⑧函：皮甲或铠甲。

⑨庐：指戈、戟、矛等长兵器。

⑩烁：通"铄"，熔化。

译文

国家有六种职业，百工是其中之一。有的人安坐谋虑治国之道；有的人具体去执行政务；有的审视材料（五材的）曲直、方圆等外在特征和内部特性，以（加工）整治五材，制备民众所需要的器物；有的采办蓄积四方珍异的物品，流通有无，以供人们购取；有的勤力耕耘土地而使之生长谷物等庄稼；有的纺绩丝麻，织成衣物。安坐谋虑治国之道的，称为王公。具体去执行政务的，称为士大夫。审视材料（五材的）曲直、方圆等外在特征和内部特性，以（加工）整治五材，制备民众所需要器物的，称为百工。采办蓄积四方珍异的物品，流通有无，以供人们购取的，称为商旅。勤力耕耘土地而使之生长谷物等庄稼的，称为农夫。纺绩丝麻，织成衣物的，称为妇功。

粤地不设制作镈的工匠，燕地不设制作铠甲的工匠，秦地不设制作（矛、戟等）长柄武器的工匠，胡地不设弓匠和车匠。粤地没有制镈的工匠，并不是说那里没有会制镈的人，而是成年男子都能够制镈；燕地没有制作皮甲的工匠，并不是说那里没有会制皮甲的人，而是成年男子都能够制作皮甲；秦地没有制作（矛、戟等）长柄武器的工匠，并不是说那里没有会制（矛、戟等）长柄武器的人，而是成年男子都能够制作（矛、戟等）长柄武器；胡地没有弓匠、车匠，并不是说那里没有会制作弓、车的人，而是成年男子都能够制作弓和车。聪明、有创造才能的人创造器物，心灵手巧的人循其法式加以传承，守此职业世代相传，叫作工。百工制作的器物，都是圣人的创造发明。熔化金属制作兵刃利器，使土坚凝制作陶器，制作车在陆地上行进，制作船在水面上行驶，这些都是由圣人创造的。

天有时，地有气，材有美，工有巧，合此四者，然后可以为良。材美工巧，然而不良，则不时、不得地气也①。橘逾淮而北为枳②，鸜鹆不逾济③，貉逾汶则死④，此地气然也。郑之刀，宋之斤⑤，鲁之削⑥，吴粤之剑，迁乎其地，而弗能为良，地气然也。燕之角⑦，荆之干⑧，妢胡之笴⑨，吴粤之金、锡⑩，此材之美者也。天有时以生，有时以杀，草木有时以生，有时以死，石有时以泐⑪，水有时以凝，有时以泽⑫，此天时也。

注释

①地气：包括地理、地质、生态环境等多种自然地理因素。
②橘：柑橘属的果树。枳，灌木和小乔木，叶多刺。
③鸜鹆：俗称八哥。济：济水。
④汶：汶水。
⑤斤：斧头。
⑥削：在竹木简上刻字或削改的刀。
⑦角：牛角。
⑧荆：荆州。荆州为古九州之一。干：柘，落叶灌木和乔木。
⑨妢胡：古地区名。笴：箭杆。
⑩金锡：铜锡。古代吴越一带铜锡产地甚多。
⑪泐：石头依其纹理而裂开。
⑫泽：消解，消融。

译文

顺应天时，适应地气，材质优良，技艺精巧，这四个方面结合起来，才可以得到精良的器物。如果材质优良，技艺精巧，然而制作出来的器物并不精良，那就是不合天时、不得地气的缘故。橘树向北移栽，过了淮河就变成枳，八哥从不（向北）飞越济水，貉如果（南渡）过汶水，就活不长了。这些都是地气造成的。郑国的刀，宋国的斤，鲁国的削，吴粤的剑，都是优质产品，不是那些地方生产的，就不会精良，这也是地气造成的。燕地的牛角，荆地的弓干，妢胡的箭杆，吴粤的铜锡，这些都是优良的原材料。天有时使万物生长，有时使万物凋零，草木有时欣欣向荣，有时枯萎凋落，石有时顺其脉理产生裂纹，水有时凝固，有时消融，这些都是天时造成的。

凡攻木之工七，攻金之工六，攻皮之工五，设色之工五，刮摩之工五，搏埴之工

二^①。攻木之工，轮、舆、弓、庐、匠、车、梓。攻金之工，筑、冶、凫、㮡、段、桃。攻皮之工，函、鲍、韗、韦、裘。设色之工，画、缋、钟、筐、㡛。刮摩之工，玉、楖、雕、矢、磬。搏埴之工，陶、旊。^②

注释

①搏：把散碎柔和的东西揉捏成团。埴：黏土。

②这段文字总述三十个工种。三十工中，有的称某人，有的称某氏。

译文

所有的工官或工匠中，治理木材的工匠有七种，治理金属的工匠有六种，治理皮革的工匠有五种，染色的工匠有五种，琢磨的工匠有五种，用黏土制作陶器的工匠有两种。治理木材的工匠是：轮人、舆人、弓人、庐人、匠人、车人、梓人。治理金属的工匠是：筑氏、冶氏、凫氏、㮡氏、段氏、桃氏。治理皮革的工匠是：函人、鲍人、韗人、韦氏、裘氏。染色的工匠是：画、缋、钟氏、筐人、㡛氏。琢磨的工匠是：玉人、楖人、雕人、矢人、磬氏。用黏土制作陶器的工匠是：陶人、旊人。

有虞氏上陶^①，夏后氏上匠^②，殷人上梓^③，周人上舆^④。故一器而工聚焉者，车为多^⑤。车有六等之数：车轸四尺^⑥，谓之一等。戈秘六尺有六寸^⑦，既建而迤^⑧，崇于轸四尺^⑨，谓之二等。人长八尺，崇于戈四尺，谓之三等。殳长寻有四尺^⑩，崇于人四尺，谓之四等。车戟常^⑪，崇于殳四尺，谓之五等。酋矛常有四尺^⑫，崇于戟四尺，谓之六等。车谓之六等之数。

注释

①有虞氏：古部落名。上陶：提倡制陶业。上：通"尚"，崇尚，提倡。陶：陶器。

②夏后氏：古部落名。也称夏后或夏氏。上匠：提倡水利和营造业。

③殷：商王盘庚从奄（今山东曲阜）迁都到殷（今河南安阳西北），故商亦称殷。上梓：提倡礼乐器制造业。梓：落叶乔木，材质轻软，古代木器多用梓。梓因此成为木材、木工的代称。

④上舆：提倡制车业。舆：车厢，亦泛指车。"有虞氏上陶，夏后氏上匠，殷人上梓，周人上舆"高度概括了我国上古至先秦的手工艺发展史。

⑤车：车是古代国家机械制造工艺水平的集中代表。传说我国夏代已有制车手工业。

⑥轸：车厢底部后面的横木。

⑦戈：我国古代的青铜兵器。秘：兵器。

⑧建：树立，竖立。迤：斜行，引申为斜倚。

⑨崇：高。

⑩殳：古代竹、木制成的兵器。寻：古代长度单位，一寻等于八尺。

⑪车戟：战车车战用的戟。常：古代长度单位，二寻为常，一常等于十六尺。

⑫酋矛：酋，通"道"，较短之矛。

译文

有虞氏提倡制陶业，夏后氏提倡水利和营造业，殷人提倡礼乐器制造业，周人提倡车辆制造业。制作一种器物而需要聚集数个工种才能完成的，以制作车（聚集的工种）为最多。车有六等差数：车轸离地四尺，这是第一等。戈连柄长六尺六寸，斜插在车上，比轸高出四尺，这是第二等。人长八尺，（站在车上）比戈高四尺，这是第三等。殳长一寻又四尺，（插在车上）比人高四尺，这是第四等。车戟长一常，（插在车上）比殳高出四尺，这是第五等。酋矛长一常又四尺，（插在车上）比戟高出四尺，这是第六等。所以说车有六等差数。

凡察车之道，必自载于地者始也，是故察车自轮始。凡察车之道，欲其朴属而微至①。不朴属，无以为完久也②。不微至，无以为戚速也③。轮已崇，则人不能登也。轮已庳④，则于马终古登阤也⑤。故兵车之轮六尺有六寸⑥，田车之轮六尺有三寸⑦，乘车之轮六尺有六寸⑧。六尺有六寸之轮，轵崇三尺有三寸也⑨，加轸与轐焉⑩四尺也。人长八尺，登下以为节⑪。

注释

①朴属：坚固的样子。微至：车轮正圆，着地面积小，叫作微至，这样滚动摩阻较小。

②完：坚固。

③戚速：疾速。

④庳：低矮。

⑤终古：常常。登阤：上坡。阤：坡。

⑥兵车：战车。

⑦田车：古代田猎用的车。

⑧乘车：乘用之车。

⑨轵：此处实指车轮中心线高度。

⑩轐：置于车轴上，垫在左、右车轸之下的枕木，有保护轴和轸木以及减震的作用。

⑪节：节度。

译文

考察车子的要领，必定先从车子着地的部位开始，所以考察车子先要从车轮开始。考察车子的要领，要注意它的车轮结构是否缜密坚固，与地的接触面是否小。如果车轮不缜密坚固，那就不能经久耐用，轮子与地的接触面不小，就不会运转快速。车轮过高，就不方便人登车。车轮过低，对于马来说就常常像爬坡一样吃力。所以兵车的车轮高六尺六寸，田车的车轮高六尺三寸，乘车的车轮高六尺六寸。六尺六寸的车轮，轵高三尺三寸，加上轸木与下面的枕木，一共四尺。人长八尺，（以此作为方便人）上下车时（轸）的高低恰到好处为度。

明代是中国封建社会后期的鼎盛时期，生产力水平达到了前所未有的高度，农业和手工业的繁荣，带动了商品经济的发达，促进了思想解放运动，出现了一批科学家和科技著作。宋应星的《天工开物》就是其中的佼佼者。

《天工开物》记载和总结了我国古代劳动人民在农业和手工业方面所取得的卓越成就，堪称技术百科全书，分别记述了粮食生产和加工、纺织和染色、制盐、制糖、陶瓷制造、金属冶炼和加工、采矿、榨油、造纸、酿造、颜料、车船、兵器和珠玉的生产过程、工具设备和生产工艺等，全面反映了当时的技术发展水平。如果说《考工记》是中国古代技术传统的开端的话，《天工开物》就是我国古代的技术传统的成功总结。

探究活动

阅读《天工开物》的《冶铸》篇，理解"法""巧""器"三者完美结合的技术思想。法，就是操作方法；巧，就是人的技能和智慧；器，就是工具和设备。

第九章 以史增智 以古鉴今

本章引言

古人说"以铜为鉴，可以正衣冠；以人为鉴，可以知得失；以史为鉴，可以知兴替"。历史是一个民族、一个国家形成、发展及其盛衰兴亡的真实记录，是前人各种知识、经验和智慧的总汇。在数千年的文明进程中，我国形成了结构完备、典籍浩瀚的史学体系，留下了大量的珍贵史料文化遗产，其体裁之多样、内容之丰富，在世界历史资料中独树一帜，首屈一指。

中国古代史学家德才兼修，以天下为己任，心系国家命运与历史走向，对国家的治乱兴衰始终表现出深沉的政治情怀和浓烈的爱国热忱。

欲知大道，必先为史。中华优秀史学典籍，蕴含着中华民族的智慧、精神、文化。只有通过史籍文献探究历史发展规律，在对历史的深入思考中汲取智慧，以史为镜，以古鉴今，重视总结历史经验教训，才能更好地把握明天，走向未来。

学习目标

知识目标:

1. 了解中国史学的发展历程。

2. 了解中国古代史学的巨大成就。

能力目标:

1. 深刻理解中国史学的优良传统。

2. 掌握研究历史、借鉴历史的能力。

素养目标:

1. 透过历史发展规律，学习革故鼎新、与时俱进的精神追求。

2. 体会史学家秉笔直书、经世致用的态度，树立强烈的社会责任感、使命感。

思维导图

以史增智　以古鉴今

- 孙子兵法·谋攻篇
- 史记·项羽本纪（节选）
- 战国策·苏秦始将连横

导 读

　　《孙子兵法》又称《孙子》或《孙武兵法》，是"兵圣"孙武的著作，被誉为"兵学圣典"和"古代第一兵书"。孙武（前545？—前470？），齐国乐安（今山东省北部）人，春秋时期军事家。齐国内乱时，孙武由齐入吴，潜心研究兵法，后向吴王阖闾进呈自己编著的兵法，孙武也被任命为将军，帮助吴国取得了一系列重大的军事胜利。

　　《孙子兵法》全书共有六千余字，共十三篇，每篇皆以"孙子曰"开头，按专题论说，语言简练，善用排比铺陈叙说，文风质朴。其在我国古代军事学术和战争实践中，都起过极其重要的指导作用。

　　本文节选《孙子兵法》中的第三篇《谋攻篇》，主要讲述了军事谋攻策略的理论，谋攻是指谋划如何进攻敌人，战胜敌人的意思。"上兵伐谋""不战而屈人之兵"是孙子所追求的军事艺术的最高境界，也是全篇的中心思想。孙子主张以优势兵力与敌作战，反对弱小军队的硬拼，他也提出了一系列战术运用方针："十围""五攻""倍战""敌分""少逃""不若避"。在本篇中，孙子还指出君主干预军事活动的危害性，慎择良将，充分发挥良将主动性的重要性，并在篇末揭示了"知己知彼，百战不殆"的著名军事规律，这一规律直至今天仍具有重大的启迪意义。

孙子曰：凡用兵之法，全国为上，破国次之^①；全军为上^②，破军次之；全旅为上，破旅次之；全卒为上，破卒次之；全伍为上；破伍次之。是故百战百胜，非善之善者也；不战而屈人之兵，善之善者也。

故上兵伐谋^③，其次伐交^④，其次伐兵，其下攻城。攻城之法，为不得已。修橹轒辒^⑤，具器械^⑥，三月而后成；距堙^⑦，又三月而后已。将不胜其忿而蚁附之^⑧，杀士卒三分之一而城不拔者，此攻之灾也。

注释

①全国为上，破国次之：使敌国全国屈服是上策，经过交战攻破敌国就次一等。全：使……保全。破：使……攻破。

②军、旅、卒、伍：古代军队的编制单位，一万二千五百人为军，五百人为旅，一百人为卒，五人为伍。

③上兵伐谋：最好的用兵方法是以谋略攻伐敌人，即以计谋使敌屈服。伐：讨伐，攻打。伐谋：用谋略战胜敌人。

④伐交：指通过外交途径，分化瓦解敌人的盟国，扩大、巩固自己的盟国，迫使敌人陷于孤立，最后不得不降服。交：外交。

⑤修橹轒辒（fénwēn）：橹，一种有瞭望台的战车。轒辒：古代用于攻城的桃木四轮车，外面蒙上牛皮，可容纳十人，用来运土填塞城壕。

⑥具：准备。

⑦距堙：在敌国城墙外修筑土丘，用来登城或观察情况。

⑧忿：同"愤"。蚁附之：像蚂蚁一样一个接着一个爬梯攻城。附：依附。

译文

孙武说，用兵打仗的原则，使敌国不战而降是上策，攻破敌国使之降服是次一等的用兵策略；使敌全军不战而降是上策，攻破敌军而取胜是次一等的用兵策略；使敌全旅不战而降是上策，攻破敌旅而取胜是次一等的用兵策略；使敌全卒不战而降是上策，攻破敌卒使之降服是次一等的策略；使敌全伍不战而降是上策，攻破敌伍而取胜是次一等的策略。因此，百战百胜，不能算是真正好的战略；不经交战就能使敌人屈服，才是最高明的战略。

所以，用兵打仗的上策，是（在还没有开始战争前）先挫败敌人的计谋；其次是挫败敌人的外交，（使他们孤立无援）；再次是在郊外野战打败敌人的军队，下策是攻打敌人的城池。攻城是不得已的方法。修造用来攻城的橹和车，准备攻城的各类器械，需要数月时间才能完成；构筑攻城的土丘，又要数月时间才能完工。将帅控制不住自己焦躁愤怒的情绪，驱使士卒像蚂蚁一样去爬梯攻城，士卒伤亡了三分之一，而城池还是攻不下来，这就是强攻城池带来的灾难。

故善用兵者，屈人之兵而非战也，拔人之城而非攻也，毁人之国而非久也，必以全争于天下，故兵不顿而利可全^①，此谋攻之法也。

注释

①顿：通"钝"，疲顿，消耗。

译文

所以，善于用兵打仗的人，能使敌人屈服而不是靠两军直接交战，夺取敌人的城池而不直接靠强攻，毁灭敌人的国家而不靠旷日持久的战争。一定要用全胜的策略争取天下，这样才能使军队的实力不会受到太多的耗损，又可以圆满获胜，这就是以谋略制敌的法则。

故用兵之法，十则围之^①，五则攻之^②，倍则分之^③，敌则能战之^④，少则能逃之^⑤，不若则能避之^⑥。故小敌之坚，大敌之擒也^⑦。

注释

①十：十倍于敌。

②五：五倍于敌。

③倍：一倍于敌。

④敌：势均力敌。

⑤少：（实力）弱。逃：脱离、摆脱。

⑥不若：不如。避：避免与敌交战。

⑦小敌之坚，大敌之擒：力量弱小的军队，如只知坚守硬拼，就会成为强大敌人的俘虏。小敌：力量弱小的军队；大敌：实力强大的敌人。擒：擒获。

译文

用兵作战的原则是，有十倍于敌人的兵力就包围（歼灭）他，有五倍的兵力就进攻他，有两倍的兵力就分散消灭他，有与敌相当的兵力就和他抗击，比敌人兵力少的时候就要退却，实力比敌人弱就要设法避免与敌交锋。弱小的军队如果一味死打硬拼，就会被强大的敌人俘获。

夫将者，国之辅也^①。辅周则国必强^②；辅隙则国必弱^③。

注释

①国：指国君。辅：辅佐、辅助，这里引申为助手。

②周：周到，周全，周密。

③隙：漏洞，缺陷，缺失。

译文

将帅是国君的辅佐,辅佐得周密,国家就强盛;辅佐有疏漏,国家就会衰弱。

故君之所以患于军者三:不知军之不可以进而谓之进,不知军之不可以退而谓之退,是谓縻军①;不知三军之事而同三军之政者②,则军士惑矣;不知三军之权而同三军之任,则军士疑矣。三军既惑且疑,则诸侯之难至矣,是谓乱军引胜③。

注释

①縻(mí):羁縻,束缚。

②三军:军队的通称。

③同:共同,这里是参与、干涉的意思。乱军引胜:扰乱自己的军队,而导致敌人的胜利。引:引导,导致。

译文

国君对军队造成伤害的情况有三种:不知道军队不可以前进却命令军队前进,不知道军队不可以后退却命令军队后退,这是叫束缚军队;不了解军队的内部事务而去干预军队的行政管理,就会使将士迷惑;不懂得军事上的权宜机变而去参与军队的指挥,就会使将士疑虑。如果三军将士既惑又疑,那么其他诸侯乘机进犯的灾难也就到了。这就叫自乱其军和自取其败。

故知胜有五①:知可以战与不可以战者胜,识众寡之用者胜②,上下同欲者胜,以虞待不虞者胜③,将能而君不御者胜。此五者,知胜之道也。

注释

①知胜:预知胜利。

②众寡之用:根据敌对双方兵力对比的众寡情况,正确采用不同战法。

③虞:事先准备。

译文

预知胜利有五个方面:知道仗可打或不可打的,能胜;懂得根据兵力多少灵活用兵的,能胜;军队上下同仇敌忾的,能胜;以有备之师攻无备之军的,能胜;将帅有指挥才能而君主不加掣肘的,能胜。这五条,是预知胜利的方法。

故曰:知彼知己者,百战不殆;不知彼而知己,一胜一负;不知彼,不知己,每战必殆。

译文

所以说，既了解敌人又了解自己，就会常胜不败；不了解敌人但了解自己，可能胜利，也可能失败；既不了解敌人，也不了解自己，每战必危。

知识链接

兵者，国之大事，死生之地，存亡之道，不可不察也。——《孙子兵法·始计篇》

兵者，诡道也。——《孙子兵法·始计篇》

凡兴师十万，出征千里，百姓之费，公家之奉，日费千金。——《孙子兵法·用间篇》

怒可以复喜，愠可以复悦，亡国不可以复存，死者不可以复生。故明君慎之，良将警之。此安国全军之道也。——《孙子兵法·火攻篇》

厚而不能使，爱而不能令，乱而不能治，譬若娇子，不可用也。

——《孙子兵法·地形篇》

探究活动

1.《孙子兵法·谋攻篇》中，孙子认为最好的作战方式是什么？他讲到了哪些具体的用兵之法？

2. 孙子的思想不仅在现代军事领域，而且在政治、经济、外交等各个领域都得到了广泛的应用，现代人能从孙子深邃的思想中获取哪些启迪？

导读

《史记》原称《太史公书》或《太史公记》，是西汉史学家司马迁所著。《史记》是我国第一部纪传体通史，记载了上至传说中的轩辕黄帝，下至汉孝武帝太初四年间共3000多年的历史。全书包括十二本纪、十表、八书、三十世家、七十列传等，共一百三十篇。"本纪"是全书提纲，以王朝的更替为体，按年月时间记述帝王的言行政绩；"世家"记述世袭的王侯封国史迹和特别重要的人物事迹。"列传"是帝王诸侯外其他各方面代表人物的生平事迹和少数民族的传记。"表"用表格来简列世系、人物和史事。"书"则记述制度发展，涉及礼乐制度、天文兵律、社会经济、河渠地理等方面内容。此外，《史记》首创史官评论，每篇传记之后的"太史公曰"简洁凝练，或概括大意，或抒发情感，或阐述道理，或发表见解，引人深思。

《史记》被列为"二十四史"之首，对后世史学和文学的发展都产生了深远影响，其首创的纪传体编史方法为后来历代"正史"所传承。《史记》还被认为是一部优秀的文学著作，在中国文学史上有重要地位，被鲁迅誉为"史家之绝唱，无韵之《离骚》"。

《项羽本纪》是《史记》中最精彩的篇章之一，是我国最早以人物为中心的艺术杰作，通过叙述秦末农民大起义和楚汉之争的宏阔历史场面，生动而又深刻地塑造了一个可歌可泣的悲剧英雄形象。本篇节选的是项羽垓下之围和司马迁对项羽的评价。

项王军壁垓下①，兵少食尽，汉军及诸侯兵围之数重。夜闻汉军四面皆楚歌，项王乃大惊曰："汉皆已得楚乎？是何楚人之多也！"项王则夜起，饮帐中。有美人名虞，常幸从②；骏马名骓③，常骑之。于是项王乃悲歌忼慨，自为诗曰："力拔山兮气盖世，时不利兮骓不逝。骓不逝兮可奈何，虞兮虞兮奈若何④！"歌数阕⑤，美人和之。项王泣数行下，左右皆泣，莫能仰视。

注释

①壁：营垒，扎营、驻扎。 垓下：地名，在今安徽省灵璧县境内。

②幸从：受到宠爱跟随在身旁。

③骓（zhuī）：乌骓马，项羽的坐骑。

④奈若何：拿你怎么办，意思是怎么安置你。若：你。

⑤阕：乐曲演唱一遍称为一阕。

译文

项王的部队在垓下修筑营垒，兵少粮尽。汉军和各路诸侯兵把他团团包围起来。深夜时，听到汉军在四面唱着楚地的歌曲，项王吃惊地说："难道汉军已经占领楚地？怎么楚国人这么多呢？"项王夜间起来，在帐幕中饮酒。有个美人叫虞，一直受宠跟在项王身边；有一匹骏马叫骓，是项王一直骑乘的。于是项王不禁慷慨悲歌，自己作诗唱道："力量能拔山啊，英雄气概举世无双，时运不济呀骓马不再往前闯！骓马不往前闯啊可怎么办，虞姬呀虞姬，我要拿你怎么办呢？"项王唱了几遍，美人虞姬也在一旁应和。项王悲泣，流下一道道眼泪，左右侍者也都跟着流下眼泪，不能抬头来看他。

于是项王乃上马骑，麾下壮士骑从者八百馀人，直夜溃围南出①，驰走。平明②，汉军乃觉之，令骑将灌婴以五千骑追之。项王渡淮，骑能属者百馀人耳。项王至阴陵，迷失道，问一田父③，田父绐曰"左"。左，乃陷大泽中。以故汉追及之。项王乃复引兵而东，至东城，乃有二十八骑。汉骑追者数千人。项王自度不得脱。谓其骑曰："吾起兵至今八岁矣，身七十馀战，所当者破，所击者服，未尝败北，遂霸有天下。然今卒困于此，此天之亡我，非战之罪也。今日固决死④，愿为诸君快战，必三胜之，为诸君溃围，斩将，刈旗⑤，令诸君知天亡我，非战之罪也。"乃分其骑以为四队，四向。汉军围之数重。项王谓其骑曰："吾为公取彼一将。"令四面骑驰下，期山东为三处⑥。于是项王大呼驰下，汉军皆披靡⑦，遂斩汉一将。是时，赤泉侯为骑将，追项王，项王瞋目而叱之⑧，赤泉侯人马俱惊，辟易数里⑨，与其骑会为三处。汉军不知项王所在，乃分军为三，复围之。项王乃驰，复斩汉一都尉，杀数十百人，复聚其骑，亡其两骑耳。乃谓其骑曰："何如？"骑皆伏曰："如大王言。"⑩

注释

①直夜溃围：直夜：当夜。溃围：突围。

②平明：天亮时。

③田父（fǔ）：老农。绐（dài）：欺骗。

④固决死：一定必死无疑。

⑤刈（yì）旗：砍倒（敌人的）军旗。

⑥期山东为三处：相约在山的东面三个地方会合。期：约定。

⑦披靡：形容草木散乱的样子，这里指汉军溃乱散逃的模样。

⑧瞋（chēn）目而叱之：瞪大眼睛，大声呵斥。

⑨辟易：倒退。

⑩伏：通"服"，表示敬佩。

译文

于是项王骑上马，部下壮士八百多人骑马跟在后面，趁夜突破重围，向南飞驰而逃。天快亮的时候，汉军才发觉，命令骑将灌婴带领五千骑兵去追赶（项王）。项王渡过淮河，部下壮士能跟上的只剩下一百多人了。项王到达阴陵，迷了路，向一个农夫问路，农夫骗他说："往左边走。"项王向左，陷进了大沼泽地中。因此汉兵追上了他们。项王又带着骑兵向东，到达东城，就只剩下二十八人。汉军有几千骑兵追赶上来。项王自己估计逃脱不了，对他的骑兵说："我带兵起义至现在已经八年，身经七十多仗，挡我的敌人都被我打垮，我所攻打的敌人没有不降服的，从没有失败过，这才能称霸，据有天下。可是如今终于被困在这里，这是上天要灭亡我，不是我作战的过错。今天固然要决心战死，我愿意为诸位打个痛痛快快的仗，一定胜他三回，给诸位冲破重围，斩杀汉将，砍倒军旗，让诸位知道的确是上天要灭亡我，不是我作战的过错。"于是把骑兵分成四队，面向四方。汉军把他们包围了好几层。项王对骑兵们说："我为你们拿下一员汉将！"命令骑士四面驱马飞奔疾驰而下，约定到山的东边，分作三处集合。于是项王高声呼喊飞奔下去，汉军惊惶溃乱，项王就斩杀一名汉将。这时，汉军骑将赤泉侯杨喜追赶项王，项王瞪大眼睛呵叱他，赤泉侯连人带马都吓坏了，倒退了好几里。项王与他的骑兵在三处会合。汉军不知道项王的去向，就把军队分为三路，再次包围上来。项王驱马冲了上去，又斩了一名汉军都尉，杀死百十来人，项王再把他的骑兵集合起来，（发现）只丧失了两个人。项王就对他的骑兵们道："怎么样？"骑兵们都敬服地说："正像大王说的那样。"

于是项王乃欲东渡乌江①。乌江亭长檥船待，谓项王曰："江东虽小，地方千里，众数十万人，亦足王也。愿大王急渡。今独臣有船，汉军至，无以渡。"项王笑曰："天之亡我，我何渡为！且籍与江东子弟八千人渡江而西，今无一人还，纵江东父兄怜而王我②，我何面目见之？纵彼不言，籍独不愧于心乎？"乃谓亭长曰："吾知公长者。吾骑此马五岁，所当无敌，尝一日行千里，不忍杀之，以赐公。"乃令骑皆下马步行，持短兵接战。独籍所杀汉军数百人。项王身亦被十馀创。顾见汉骑司马吕马童，曰：

"若非吾故人乎？"马童面之③，指王翳曰："此项王也。"项王乃曰："吾闻汉购我头千金，邑万户，吾为若德④。"乃自刎而死。王翳取其头，馀骑相蹂践争项王，相杀者数十人。最其后，郎中骑杨喜，骑司马吕马童，郎中吕胜、杨武各得其一体。五人共会其体，皆是。故分其地为五：封吕马童为中水侯，封王翳为杜衍侯，封杨喜为赤泉侯，封杨武为吴防侯，封吕胜为涅阳侯。

……

注释

①乌江：地名，今安徽和县东北的乌江镇。

②王（wàng）我：以我为王。王：用作动词。

③面之：背对着他。面：通"偭"，作背解。王翳在旁边，故转身背对项王，告诉王翳。

④我为若德：我为你做件好事吧。若：你。德：用作动词，施恩德。

译文

这时，项王想要向东渡过乌江。乌江亭长把船停靠在岸边等待。他对项王说："江东虽然小，土地纵横上千里，民众数十万，也足够称王啦。希望大王快快渡江。现在只有我这儿有船，汉军到了，没有船渡江。"项王笑了笑说："上天要亡我，我还渡江干什么！再说我和江东子弟八千人渡江西进，如今没有一个人回来，即使江东父老兄弟怜悯我让我称王，我又有什么脸面去见他们？纵使他们不说什么，我项籍难道心中没有愧吗？"于是对亭长说："我知道您是位忠厚长者，我骑着这匹马征战了五年，所向无敌，曾经日行千里，我不忍心杀掉它，把它送给您吧。"他命令骑兵都下马步行，手持短兵器与追兵交战。光项籍一个人就杀掉汉军几百人。项王身上也有十几处负伤。项王回头看见汉军骑司马吕马童，说："你不是我的老相识吗？"马童背对项王，于是指给王翳说："这就是项王。"项王说："我听说汉王用千斤黄金、万户封邑来悬赏我的脑袋，我就为你做件好事吧！"说完，自刎而死。王翳割下项王的头，其他骑兵互相践踏争抢项王的躯体，相争残杀了几十人。最后，郎中骑将杨喜，骑司马吕马童，郎中吕胜、杨武各争得项王一段肢体。五人把肢体拼合，都确实是项王的。因此，把准备封赏的土地分成五块：封吕马童为中水侯，封王翳为杜衍侯，封杨喜为赤泉侯，封杨武为吴防侯，封吕胜为涅阳侯。

……

太史公①曰：吾闻之周生曰"舜目盖重瞳子②"，又闻项羽亦重瞳子。羽岂其苗裔邪？何兴之暴也！夫秦失其政，陈涉首难③，豪杰蜂起，相与并争，不可胜数。然羽非有尺寸，乘势起陇亩之中，三年，遂将五诸侯灭秦，分裂天下，而封王侯，政由羽出，号为"霸王"，位虽不终，近古以来未尝有也，及羽背关怀楚，放逐义帝而自立④，怨王侯叛己，难矣。自矜功伐，奋其私智而不师古。谓霸王之业，欲以力征经营天下。五年

卒亡其国，身死东城，尚不觉寤而不自责，过矣。乃引"天亡我，非用兵之罪也"，岂不谬哉！

注释

①太史公：司马迁自称。

②重瞳子：一个眼里有两个瞳孔。古人认为是神异人物。

③陈涉：即陈胜，名胜，字涉，同吴广一起首先起兵反秦。

④义帝：指楚怀王。公元前206年，项羽尊楚怀王为义帝，后来又把他流放到长沙，途中派人暗杀。

译文

太史公说：我听周生说"舜的眼睛可能是两个瞳仁"，又听说项羽也是两个瞳仁。项羽难道是舜的后代吗？为什么他的兴起那么迅速啊！秦朝政治腐败，陈涉首先发难，各路豪杰蜂拥而起，你争我夺，不可胜数。然而项羽毫无凭借，他趁秦末大乱之势兴起于民间，只三年的时间，就率领原战国时的齐、赵、韩、魏、燕五国诸侯灭掉了秦朝，划分天下土地，封王封侯，政令全都由项羽发出，自号为"霸王"，他的地位虽然没能保持长久，但近古以来还不曾有过这样的事情。至于项羽舍弃关中，怀恋楚地，放逐义帝，自立为王，而又埋怨诸侯背叛自己，就难以控制局势了。他自夸战功，竭力施展个人聪明，却不肯师法古人，认为霸王的功业，要靠武力来治理天下，结果五年之间终于丢了国家，身死东城，仍不觉悟，也不自责，实在是不对。而他竟然拿"上天要灭亡我，不是用兵的过错"这句话来自我开脱，难道不是太荒谬了吗！

梁启超先生推荐的《史记》中的十大名篇：

1. 大江东去　楚王流芳——《项羽本纪》

2. 礼贤下士　威服九州——《信陵君列传》

3. 文武双雄　英风伟概——《廉颇蔺相如列传》

4. 功成不居　不屈权贵——《鲁仲连邹阳列传》

5. 旷世奇才　悲凉收场——《淮阴侯列传》

6. 官场显形　栩栩如生——《魏其武安侯列传》

7. 戎马一生　终难封侯——《李将军列传》

8. 汉匈和亲　文化交融——《匈奴列传》

9. 商道货殖　安邦定国——《货殖列传》

10. 史公记史　千古传颂——《太史公自序》

探究活动

　　司马迁的文学修养深厚，艺术手段高妙。文字生动，笔力洗练，感情充沛，信手写来无不词气纵横，形象明快，使人"惊呼击节，不自知其所以然"。结合《史记》中的具体作品、具体人物，谈谈最吸引你的是哪些篇章。

战国策·苏秦始将连横

导 读

　　《战国策》又称《国策》，是西汉刘向编订的一部国别体史书。主要记载了战国初年至秦始皇统一六国这一时期的历史，内容多为战国时期纵横家的政治主张和策略，同时反映了战国时期各国的政治、军事、外交方面的一些活动情况和社会面貌。其中对谋臣的作用偶有夸张和虚构，并非完全忠于史实。《战国策》并非出于一人之手，也非成于一时。全书没有系统完整的体例或主线，都是相互独立的单篇。共三十三卷，记载了十二国（东周、西周、中山、宋、卫、韩、燕、楚、赵、魏、秦、齐）的策论。《战国策》文学价值很高，是先秦散文的代表作之一。其语言犀利，擅长叙事明理，论述精辟，是一部优秀的散文集，留下了很多脍炙人口的经典故事。

　　本篇节选自《战国策·秦策》。描述了苏秦游说秦王失败后，穷困潦倒，回到家又受到家人的冷漠对待。于是他奋发读书，彻夜研习，终于学有所成。这个故事中的"锥刺股"，也成了后世激励人们勤学苦读的典范。

　　苏秦，字季子，东周雒阳（今河南洛阳）人，战国时期著名的纵横家、外交家和谋略家。苏秦师从鬼谷子，提出合纵六国以抗秦的战略思想，并最终组建合纵联盟，任"从约长"，兼佩六国相印。

说秦王书十上而说不行①，黑貂之裘敝②，黄金百斤尽，资用乏绝，去秦而归③。嬴縢履蹻④，负书担橐⑤，形容枯槁⑥，面目黧黑⑦，状有愧色。归至家，妻不下纴⑧，嫂不为炊，父母不与言。苏秦喟然叹曰⑨："妻不以我为夫，嫂不以我为叔，父母不以我为子，是皆秦之罪也⑩！"乃夜发书⑪，陈箧数十⑫，得太公《阴符》之谋⑬，伏而诵之，简练以为揣摩⑭。读书欲睡，引锥自刺其股，血流至足。曰："安有说人主不能出其金玉锦绣，取卿相之尊者乎？"期年，揣摩成⑮，曰："此真可以说当世之君矣！"

注释

①说（shuì）不行：主张不被采纳。

②敝：破。

③去：离开。

④嬴縢履蹻：缠着绑腿布，穿着草鞋。嬴：通"缧"，缠绕。縢：绑腿布。蹻：草鞋。

⑤橐（tuó）：一种口袋。

⑥形容：形，形体；容，容颜。

⑦黧（lí）：黑黄色。

⑧纴（rèn）：机上的丝缕，借指织布机。

⑨喟（kuì）然：叹气的样子。

⑩秦：苏秦自称。

⑪发：打开。

⑫箧（qiè）：箱子。

⑬太公：指姜尚，曾佐武王伐纣。阴符：相传为太公所作的兵书。

⑭简练：精心钻研，熟练掌握。揣摩：反复思考琢磨。

⑮期（jī）年：满一年。

译文

（苏秦）游说秦王的奏章（先后）上了十次，意见始终未被采纳。他的黑貂皮衣破了，百斤钱财也用光了，资用匮乏，不得已离开秦国回家。（他）腿缠着绑腿，脚穿着草鞋，背着书箱，挑着行李，身形憔悴，面色黄黑，面带羞愧。回到家里，妻子没有从织布机上下来（迎接），嫂子也没有为他烧火做饭，父母也不和他讲话。苏秦长叹一声，道："妻子不把我当作丈夫，嫂子不把我当作小叔，父母不把我当作儿子，这都是我苏秦的过错啊。"（苏秦）当天晚上就拿出藏书，打开了几十个书箱，找到姜太公写的谋略书《阴符》，伏案诵读，选择重要的部分反复钻研，（探求真谛）。当读书困倦想睡觉的时候，他就拿起锥子猛扎自己的大腿，鲜血流到了脚上。他说："哪会有人说游说列国君主却不能让他们拿出金玉锦绣、取得卿相高位的呢？"一年后，苏秦钻研有得，他说："现在我真可以去游说各国君主了！"

战国末年，出现了研究"纵横之术"的纵横家。"连横""合纵"都是战国时期伟大的谋略，用之于世则可瞬息改变国家的战略形势。

合纵，即"合众弱以攻一强"。南北为纵，是以魏国、韩国、赵国为中心，北联燕国，南联楚国，东联齐国，共同联合起来对付秦国的霸权和侵略的国际战略。此战略的核心人物就是苏秦。

连横，即"事一强以攻众弱"。东西为横，曾是齐、秦两国用武力迫使弱国听命，继而兼并其他弱国的国际战略。在战国后期齐国衰弱之后，连横便成为秦国专用的吞并六国的谋略。此战略的核心人物是张仪。

探究活动

搜集《战国策》故事与相关谚语，分析《战国策》刻画的不同"士"的形象。

第十章

奇书逸闻　奇人趣事

本章引言

　　中国古代神话传说、寓言故事与史传文学对中国古代小说的产生有着积极的影响和促进作用。魏晋南北朝时期，出现了"志人""志怪"小说，既有神鬼怪异之谈，也有对士族阶层生活面貌的展现。到了唐代，出现了唐传奇。唐人小说开始从鬼神灵异、奇闻逸事走向现实生活，在艺术上有了很大的创造和提高。宋代出现了话本小说。宋代话本小说是中国小说史上一个重要的发展阶段。是中国小说进一步走向平民化的标志。明清时期是中国古代小说史上的繁荣时期，在文学史上，明清小说取得了与唐诗、宋词、元曲并列的地位。

学习目标

知识目标：

1. 了解中国古代小说的发展阶段。
2. 了解中国古代小说的主要类型。

能力目标：

1. 分析神话元素，理解中国文化的独特性。
2. 了解魏晋风骨及其代表人物。

素养目标：

1. 学习魏晋名士的哲学态度和人格精神。
2. 了解中国文化的发展历史，传承弘扬中国历史文化。

思维导图

奇书逸闻　奇人趣事

山海经·海外东经

世说新语（节选）

犁父

导读

　　《山海经》是中国志怪古籍，它富于想象，内容丰富，记述了上古地理、物产、神话、巫术、宗教的知识，也包含了古史、医药、民俗、民族、动植物等方面的内容，因此也有人认为是古代山水物志。现代中国学者一般认为《山海经》成书时间并不统一，作者也不是同一人。古时的《山海经》还附有图画，但现在已经失传了。

　　《山海经》共18篇，分别是《五藏山经》5篇、《海外经》4篇、《海内经》4篇、《大荒经》5篇。《山海经》所记的内容，范围很广，全书记载了100多个邦国，550座山，300多条水道，以及这些邦国、山水的地理关系、风土民俗和重要物产。它还记载了100多个历史人物，以及这些人物的事迹或世系。《山海经》中还保存了大量流传甚广的神话故事，如"精卫填海"（《北山经》）、"夸父逐日"（《大荒北经》）、"大禹治水"（《大荒北经》）等。

　　《海外东经》记录了海外东南角到东北角的国家及山川河岳。记载了海外八个国家和地区的地理物产、民俗传说及独特风貌。例如，大人国中居民身材高大，君子国中居民衣冠带剑，青丘国中栖息着九尾狐，黑齿国中居民牙齿乌黑，还有玄股国、毛民国等。另外，经中还记载了十个太阳沐浴、八面八首的天吴神、兽身人面的奢比尸等神话。这些民俗传说可能是古人对于其他民族的独特想象，也说明了中华民族早期对外交流的情况。

海外自东南陬至东北陬者^①。

嗟丘^②，爰有遗玉、青马、视肉、杨柳、甘柤、甘华，百果所生^③。在东海^④，两山夹丘，上有树木。一曰嗟丘。一曰百果所在，在尧葬东。

大人国在其北，为人大，坐而削船^⑤。一曰在嗟丘北。

奢比之尸在其北^⑥，兽身人面、大耳，珥两青蛇^⑦。一曰肝榆之尸在大人北。

君子国在其北，衣冠带剑，食兽，使二大虎在旁，其人好让不争。有薰华草，朝生夕死。一曰在肝榆之尸北。

虹虹在其北^⑧，各有两首。一曰在君子国北。

朝阳之谷，神曰天吴，是为水伯^⑨。在虹虹北两水间。其为兽也，八首人面，八足八尾，皆青黄。

注释

①陬（zōu）：隅，角落。

②嗟丘：地名，即今山东烟台。

③爰：这里，那里。遗玉：玉石名。视肉：传说中的兽名。甘柤（zhā）：植物名。甘华：植物名。

④东海：所指因时而异，先秦时代多指今之黄海。

⑤削船：削刻船只。

⑥奢比之尸：奢比尸，传说中的神名。其：指大人国。

⑦珥：作动词，这里指（用青蛇）作耳饰。

⑧虹虹：可能指虹霓。

⑨朝阳之谷：朝阳谷，谷名，今山东临朐东北朝阳故城附近的朝水。水伯：水神。

译文

海外东经所记载的地方是从东南角到东北角。

嗟丘，此地产有遗玉、青马、视肉、杨柳、甘柤、甘华，结出各种甜美果实的果树生长的地方，就在东海。有两座山夹着这座丘，丘上长有树木。一说这座丘名叫嗟丘。还有一说认为各种果树生长的地方，位于帝尧所葬之地的东边。

大人国在嗟丘的北边，国中之人身材高大，坐在那里用刀削船。一说大人国在嗟丘的北边。

奢比尸在大人国的北边，他长着兽一样的身子、人一样的脸，耳朵大大的，且以两条青蛇做耳饰。一说肝榆尸在大人国的北边。

君子国在奢比尸所在之地的北面，国人衣冠整齐，身上佩剑，能吃野兽，驱使的两只花斑老虎就在身旁，该国之人喜欢谦让而不争斗。此地长着一种薰华草，每天早晨开花，傍晚就凋谢了。一说此国在肝榆尸所居之地的北边。

虹虹在君子国的北面，各有两个脑袋。一说虹虹位于君子国的北面。

朝阳谷居住着一位神，名叫天吴，是一位水神。朝阳谷在虹虹北边的两条水流中间。这位神仙形状与野兽相似，长着八个脑袋，脸与人的脸相似，有八条腿、八条尾巴，全身皆呈青黄色。

青丘国在其北，其狐四足九尾。一曰在朝阳北。

帝命竖亥步[1]，自东极至西极，五亿十选九千八百步[2]。竖亥右手把算[3]，左手指青丘北。一曰禹令竖亥。一曰五亿十万九千八百步。

黑齿国在其北，为人黑[4]，食稻啖蛇[5]，一赤一青，在其旁。一曰在竖亥北，为人黑首，食稻使蛇，其一蛇赤。

下有汤谷[6]。汤谷上有扶桑[7]，十日所浴，在黑齿北。居水中，有大木，九日居下枝，一日居上枝。

雨师妾在其北，其为人黑，两手各操一蛇，左耳有青蛇，右耳有赤蛇。一曰在十日北，为人黑身人面，各操一龟。

玄股之国在其北[8]，其为人，衣鱼食鸥[9]，使两鸟夹之。一曰在雨师妾北。

毛民之国在其北[10]，为人身生毛。一曰在玄股北。

劳民国在其北，其为人黑。或曰教民。一曰在毛民北，为人面目手足尽黑。

东方句芒[11]，鸟身人面，乘两龙。

注释

①帝：天帝。一说指禹。竖亥：神话传说中一个走得很快的人。步：以脚步测量距离。

②选：万。

③算：通"筭（suàn）"，指古代计算用的筹码。

④黑：后应有"齿"字。

⑤啖（dàn）：吃。

⑥汤（yáng）谷：即旸谷，传说中的日出之处。

⑦扶桑：神话传说中的一种树。

⑧玄股之国：玄股国。因国中之人的大腿是黑色的而得名。

⑨衣鱼：穿用鱼皮做的衣服。鸥（ōu）：同"鸥"。

⑩毛民之国：毛民国，传说中的国名，因国中之人浑身长毛而得名。

⑪句（gōu）芒：传说中的木神，身穿白色的衣服。

译文

青丘国位于朝阳谷的北面。国中栖居着一种狐狸，它长着四条腿、九条尾巴。一说青丘国在朝阳谷的北边。

天帝命令竖亥以脚步测量大地的长度，竖亥从最东端走到最西端，共走了五亿十万九千八百步。竖亥右手拿着算筹，左手指着青丘国的北端。一说是禹命令竖亥以脚步测量大地。一说测量的结果是五亿十万九千八百步。

黑齿国在竖亥所处之地的北面，国中人牙齿呈黑色，他们吃稻米和蛇，还有一红一青两条蛇，经常伴随其身边。一说黑齿国在竖亥所居之地的北边，国中之人长着黑色的脑袋，吃稻米，能驱使蛇，其中一条蛇是红色的。

黑齿国的下面是汤谷。汤谷中生长着一棵扶桑树，那里是十个太阳洗澡的地方，位于黑齿国的北面。在水中有一棵大树，九个太阳居住在下面的树枝上，剩下的一个太阳住在上面的树枝上。

雨师妾国在汤谷的北边，该国的人全身皮肤呈黑色，左右两只手各握着一条蛇，左边耳朵上有一条青蛇，右边耳朵上有一条红蛇。一说雨师妾国在十个太阳栖息之地的北边，国中之人长着黑身、人脸，两手各握着一只龟。

玄股国在雨师妾国的北面，这个国家的人穿鱼皮做的衣服，以鸥鸟为食，有两只鸟一左一右在他们身边听候使唤。一说玄股国在雨师妾国的北面。

毛民国位于玄股国的北边，国中之人浑身长毛。一说毛民国在玄股国的北面。

劳民国在毛民国的北边，该国的人全身皆为黑色。有人说该国名叫教民国。一说劳民国在毛民国的北边，国中之人的脸、眼睛、手、脚全是黑色的。

东方有位名叫句芒的神，长着鸟身人面，驾乘着两条龙。

读山海经·其十

陶渊明

精卫衔微木，将以填沧海。

形夭无千岁，猛志固常在。

同物既无虑，化去不复悔。

徒设在昔心，良辰讵可待？

读山海经图

欧阳修

夏鼎象九州，《山经》有遗载。

空蒙大荒中，杳霭群山会。

炎海积欻蒸，阴幽异明晦。

奔趋各异种，倏忽俄万态。

群伦固殊禀，至理宁一概？

骇者自云惊，生兮孰知怪？

未能识造化，但尔披图绘。

不有万物殊，岂知方舆大？

探究活动

　　1. 说一说《山海经》中令你印象深刻的事物（奇异的飞禽走兽、神话故事等）。

　　2.《精卫填海》选自《山海经·北次三经》，谈一谈为什么世人推崇和讴歌填海的精卫鸟。

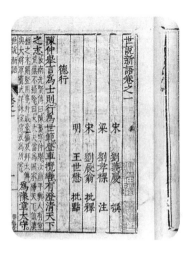

导 读

　　《世说新语》是南朝的文言志人小说，是"笔记小说"的代表作，由南朝宋临川王刘义庆组织一批文人编写，又名《世说》，内容主要是记载东汉后期到魏晋间一些名士的言行与轶事，每一段都是短小精悍的散文，描绘传神，意味深远，文学价值很高。书中所载的人物都是历史上真实存在的人物，但他们的言论或故事有一部分可能出于传闻，不尽符合史实。

　　从东汉末年到魏晋时期，社会动荡，政治黑暗，但思想在这个时代得到了解放。魏晋名士们开始萌发了个体生命的意识，开始崇尚个人的精神气质与高雅的艺术追求。其中关于魏晋名士的种种活动如清谈、品题，种种性格特征如栖逸、简傲，种种人生追求及种种嗜好，都有生动的描写。纵观全书，可以得到魏晋时期几代士人的群像，通过这些人物形象，可以进而了解那个时期社会的风尚。

　　本篇节选自《言语》《任诞》《雅量》等章，记述了谢道韫、钟毓、钟会、王献之、王羲之等人的言行，他们散淡、清雅、潇洒等性格特征跃然纸上，为魏晋风流的代表。从中我们可以了解到魏晋时期的上流社会士人狂放不羁、率真洒脱的群像。明胡应麟说："晋人面目气韵，恍忽生动，而简约玄淡，真致不穷。"

谢太傅寒雪日内集①，与儿女讲论文义②。俄而雪骤③，公欣然曰："白雪纷纷何所似？"

兄子胡儿④曰："撒盐空中差可拟⑤。"兄女曰："未若柳絮因风起。"公大笑乐。即公大兄无奕女，左将军王凝之妻也。

注释

①谢太傅（fù）：即谢安（320—385），字安石，晋朝陈郡阳（河南太康）人，死后追赠为太傅。内集：家庭集会。

②讲论文义：谈论诗文。儿女：指侄子辈。

③俄而：不久，不一会儿。骤：急速，大。

④胡儿：即谢郎，字长度，谢安哥哥谢无奕的长子，做过东阳太守。

⑤差可拟：差不多可以相比。

译文

谢太傅在一个寒冷的雪天举行家庭聚会，和子侄辈们谈论诗文。不久，雪下大了，谢太傅高兴地说："这纷纷扬扬的大雪像什么呢？"

他哥哥的长子谢朗说："差不多可以跟在空中撒把盐相比。"他哥哥的女儿谢道韫说："不如比作柳絮凭借着风漫天飞舞。"谢太傅高兴得大笑起来。她就是谢太傅的大哥谢无奕的女儿，左将军王凝之的妻子。

钟毓、钟会少有令誉①。年十三，魏文帝闻之，语其父钟繇②曰："可令二子来！"于是敕见③。毓面有汗，帝曰："卿面何以汗？"毓对曰："战战惶惶，汗出如浆④。"复问会："卿何以不汗？"对曰："战战栗栗，汗不敢出⑤。"

注释

①钟毓（yù）、钟会：弟俩。令誉：美好的声誉。

②钟繇（yáo）：任相国职。

③敕（chì）：皇帝的命令。

④战战惶惶：害怕得发抖。浆：较浓的液体都可叫做浆。

⑤战战栗栗：害怕得发抖。

译文

钟毓、钟会在少年时期就有美好的声誉。十三岁时，魏文帝曹丕听说这两个孩子的聪慧名声，就对他们的父亲钟繇说："可以叫这两个孩子来见我。"于是（他们）奉旨觐见。钟毓脸上冒有汗水，魏文帝问："你脸上为什么出汗呢？"钟毓回答："由于恐惧慌张、害怕得发抖，所以汗水像水浆一样流出。"文帝又问钟会："你脸上为什么不出汗？"钟会回答："由于恐惧战栗，害怕得发抖，所以汗水也不敢冒出。"

王子猷居山阴①，夜大雪，眠觉②，开室命酌酒，四望皎然③。因起彷徨④，咏左思招隐诗⑤。忽忆戴安道⑥。时戴在剡⑦，即便夜乘小舟就之⑧。经宿方至，造门不前而返。人问其故⑨，王曰："吾本乘兴而行，兴尽而返，何必见戴？"

注释

①王子猷：名徽之，字子猷，晋代大书法家王羲之的儿子。山阴：今浙江省绍兴市。

②眠觉：睡醒。

③皎然：洁白光明的样子。

④因：于是。

⑤左思：西晋文学家，字太冲。招隐：田园诗名，旨在歌咏隐士清高的生活。

⑥戴安道：即戴逵，安道是他的字，谯国（今安徽省北部）人，学问广博，隐居不仕。

⑦剡：指剡县，古县名，治所在今浙江嵊州。

⑧即：即刻。便：就。就：到，去。

⑨故：原因。

译文

王子猷居住在山阴，有一天夜里大雪纷飞，他一觉醒来，打开窗户，命令仆人准备好酒，四处望去，一片洁白银亮。于是起身，慢步徘徊，吟诵着左思的《招隐诗》。忽然间想到了戴逵。当时戴逵远在曹娥江上游的剡县，即刻连夜乘小船前往。经过一夜才到，到了戴逵家门前却又转身返回。有人问他为何这样，王子猷说："我本来是乘着兴致前往，兴致已尽，自然返回，为何一定要见戴逵呢？"

郗太傅在京口①，遣门生与王丞相书②，求女婿。丞相语郗信："君往东厢任意选之。"门生归白郗曰③："王家诸郎亦皆可嘉，闻来觅婿，咸自矜持④。唯有一郎在东床上坦腹卧，如不闻。"郗公云："正此好！"访之，乃逸少⑤，因嫁女与焉。

注释

①郗（xī）太傅：郗鉴太尉是掌管军政大权的官名。太傅：官名，应是"太尉"。京口：地名，今江苏镇江附近。

②王丞相：晋朝的王导，做过丞相。书：信。

③白：告诉，禀告。

④咸：都。矜持：故作姿态，以示不凡，不自然的样子。

⑤逸少：晋代著名书法家王羲之，字逸少，是王导的族子。

译文

郗太傅在京口，派了个门生给王丞相送去自己的亲笔书信，想到王府去选婿。王丞相见过信后对这个门生说："你到东厢房去任意挑选吧！"门生到东厢房看过之后，赶回郗府，对太傅说："王丞相家的各位男儿郎都值得夸奖。听说我为您选女婿，都端正姿态，以示不凡，只有一个年轻人，袒胸露腹躺在东床上，好像没听说有这回事似的。"郗太傅说："就这个公子最好。"郗太傅询问调查他，原来是王羲之，于是将女儿嫁给了他。

知识链接

　　在汉末大动乱、曹丕代汉、司马氏代魏、八王之乱、永嘉之乱等长期的社会持续动荡、国家分裂的社会背景下，提倡积极进取，为社会、为国家做出贡献的儒家思想也在此时屡屡碰壁，满腹经书却无处可用的士人们变得不知所措。

　　魏晋风度便是在魏晋这个特定的历史时期形成的魏晋士人的个性气质、人生态度、价值追求等在言谈、举止、趣味等日常生活中的外在表现，表现了魏晋士人群体在乱世的逆境中锲而不舍、执着追求着一种更积极更有意义的人生。

　　李泽厚先生在《美的历程》一书中概述了他们的名士风度："追求长生，服药炼丹，饮酒任气，高谈老庄，双修玄礼，既纵情享乐，又满怀哲意，这就构成似乎是那么潇洒不群、那么超然自得、无为而无不为的所谓魏晋风度；药、酒、姿容，论道谈玄，山水景色……成了衬托这种风度的必要的衣袖和光环。"

　　宗白华先生阐释了这段时期的历史意义之所在："汉末魏晋六朝是中国政治上最混乱，社会上最苦痛的时代，然而却是精神史上极自由、极解放，最富于智慧、最浓于热情的一个时代。因此也就是最富有艺术精神的一个时代……奠定了后代文学艺术的根基与趋向。"

探究活动

　　1. 概括魏晋风度的特点。

　　2.《世说新语》中女性人物的形象也十分引人瞩目，请阅读《世说新语·贤媛》，谈谈你的认识。

第十一章

以美育人 以文化人

本章引言

　　中华文明历史悠久，文脉悠长，其深厚的文化土壤孕育了精彩纷呈的艺术瑰宝，形成了融汇民族文化素养、思维方式、审美意识和哲学观念的完整的艺术体系，是中华优秀传统文化中非常重要的美育资源。

　　文化艺术是中国先民感受美、鉴赏美、创造美的智慧结晶，是超越物质生活的精神之花，子曰："志于道，据于德，依于仁，游于艺。"纵览中国古代艺术长廊，妙手丹青，幽韵流长，艺术创作的主题和表现形式往往与中国传统文化的精神内涵密切相关。古人对琴棋书画的追求，甚至达到了修心养性、沟通天地的至高境界。

学习目标

知识目标：

1. 了解中华优秀传统艺术的类型及审美特征。
2. 理解古代中国艺术作品所体现的哲学思想和人文精神。

能力目标：

1. 培养学生的审美感知力、审美鉴赏力以及审美创造力。
2. 提升对艺术作品的价值判断的能力。

素养目标：

1. 感悟艺术的魅力，并通过艺术之美深入了解艺术背后承载的文化内涵和审美价值。
2. 通过中华优秀传统文化的美育资源陶冶情操、修炼心性、重塑人格，提高学生文化自信与文化认同。

思维导图

以美育人　以文化人

- 乐记（节选）
- 王微·叙画（节选）
  宗炳·画山水序（节选）
- 韩愈·送高闲上人序

乐记（节选）

导读

　　《乐记》是我国古代重要的音乐教育思想的论著，总结了先秦时期儒家的音乐美学思想，主要论述了音乐的产生、音乐的社会用途以及音乐与礼、与人的德行、情性的关系，还涉及音乐对人的思想和感情的影响等方面。

　　《汉书·艺文志》记载，古乐早已有之，后散失，及秦而灭，汉初广开献书之路，河间献王以其地方力量搜集古书古乐，与毛生等共采《周官》及诸子言乐事者，辑成《乐记》。

　　《乐记》中的"乐"兼指诗、歌、舞三者，但主要以论述音乐为主。《乐记》认为，音乐是人情感的表现，情感能影响音乐，音乐能影响情感，所以不同的情感可以从不同的音乐中表现出来。这种影响必将扩展到人的心理的各个方面，从而对人的道德品质发生作用。礼与乐二者是相辅相成、互相补充的，一个强调同，一个强调异。乐教能促使政治清明，社会秩序稳定，统治者要选用先王所制的"礼乐""德音"来教化人民，弘扬乐教，以乐治国。

　　《乐记》继承与发展了孔子以来儒家关于音乐的特征、乐教的功用以及内容与形式、美与善、礼和乐等关系的思想，明确了音乐对人的情感、性格、意志等心理活动的影响，突出了音乐的政治教育与教化功能。

凡音之起①，由人心生也。人心之动，物使之然也。感于物而动，故形于声。声相应，故生变。变成方②，谓之音。比音而乐之③，及干戚羽旄④，谓之乐也。

乐者，音之所由生也，其本在人心之感于物也。是故其哀心感者，其声噍以杀⑤；其乐心感者，其声啴以缓⑥；其喜心感者，其声发以散；其怒心感者，其声粗以厉；其敬心感者，其声直以廉⑦；其爱心感者，其声和以柔。六者非性也，感于物而后动，是故先王慎所以感之者。故礼以道其志，乐以和其声，政以一其行，刑以防其奸。礼乐刑政，其极一也，所以同民心而出治道也。

注释

①音：音调。

②变成方：指声音的变化形成一定的曲调。

③比音：指排列音律。

④干戚羽旄：跳舞时所持的四种舞具。干戚即盾和斧，用于武舞的道具。羽旄即翟羽和旄牛尾，用于文舞的道具。

⑤噍以杀（jiāo）：（焦急）急促而迅速减弱。

⑥啴以缓：宽舒和缓。

⑦廉：正直。

译文

所有音的兴起，都是从人的内心产生的，而根本则在于人心对外物的感受。心有感于外部事物就会活动，因而表现为声。声与声相互应和，才发生变化。按照一定的形式形成变化，就叫作音。排列音律再用乐器演奏，手持干戚羽旄跳舞，就叫作乐了。

乐是从音中产生的，根源就是人心有感于物产生的。因此当哀伤的心有所感应时，发出的声音是急促而悒郁的；当欢乐的心有所感应时，发出的声音是宽绰而舒缓的；当喜悦的心有所感应时，发出的声音是开朗而自由的；当愤怒的心有所感应时，发出的声音是粗暴而严厉的；当虔敬的心有所感应时，发出的声音是刚直而廉正的；当爱慕的心有所感应时，发出的声音是和美而温柔的。这六种声音，并非天性，而是受到外界事物感动才发生的。因此前代先王对于能感动人的事物十分慎重，所以用礼制来引导民众的心志，用音乐来和同民众的声音，用政治来齐一民众的行止，用刑法来防止民众的奸邪。礼、乐、刑、政，它们终极目标是一致的，都是用来统一民众思想而使社会安定、天下大治的。

凡音者，生人心者也。情动于中，故形于声，声成文①，谓之音。是故治世之音安以乐，其政和；乱世之音怨以怒，其政乖②；亡国之音哀以思，其民困③。声音之道，与政通矣。

宫为君，商为臣，角为民，徵为事，羽为物。五者不乱，则无怗懘之音矣④。宫乱则荒，其君骄；商乱则陂，其臣坏；角乱则忧，其民怨；徵乱则哀，其事勤；羽乱则危，其财匮。五者皆乱，迭相陵，谓之慢。如此则国之灭亡无日矣。郑卫之音⑤，乱世之音也，比于慢矣。桑间濮上之音，亡国之音也，其政散，其民流，诬上行私而不可止也。

注释

①文：这里指曲调。

②乖：违背，不协调，不和谐。

③困：贫乏、贫困。

④怗懘（zhānchì）：敝败不和。

⑤郑卫之音：原指春秋战国时郑、卫等国的民间音乐，儒家认为这两个诸侯国的音乐不是正统的雅乐。

译文

音，是产生于人的内心。感情在心中激荡，因此表现为声。声组合成一定形式的曲调，就称作音。所以治世之音安详而喜乐，表示政治和谐。乱世之音怨恨而愤怒，表示政治混乱。亡国之音悲哀而忧郁，表示人民困苦。声音的道理，和政治是相通的。

宫是君，商是臣，角是民，徵是事，羽是物。宫、商、角、徵、羽，五种调式都不混乱，就不会有不和谐的声音了。宫调混乱，音调就散漫，象征君主骄纵；商调混乱，音调就倾颓，象征吏治腐败；角调混乱，音调就忧郁，象征人民怨恨；徵调混乱，音调就哀伤，象征役事劳苦，羽调混乱，音调就危殆，象征财用匮乏。五种调式都发生混乱，彼此互相侵犯凌越，就叫做慢。如果这样，国家灭亡的日子也就不远了。郑、卫两地的音乐，是乱世之音，已接近于"慢"了。桑间濮上的音乐，是亡国之音，它象征着政教散乱，民众放纵，臣下欺骗君上、图谋私利而无法遏止。

凡音者，生于人心者也；乐者，通于伦理者也。是故知声而不知音者，禽兽是也；知音而不知乐者，众庶是也。唯君子为能知乐。是故审声以知音，审音以知乐，审乐以知政，而治道备矣。是故不知声者不可与言音，不知音者不可与言乐，知乐则几于礼矣①。礼乐皆得，谓之有德。德者，得也。是故乐之隆，非极音也；食飨之礼②，非致味也。《清庙》之瑟，朱弦而疏越，一倡而三叹，有遗音者矣。大飨之礼，尚玄酒而俎腥鱼③，大羹不和④，有遗味者矣。是故先王之制礼乐也，非以极口腹耳目之欲也，将以教民平好恶而反人道之正也。

注释

①几：近。

②食（sì）飨：食礼和飨礼，古代招待宾客及宗庙祭祀的礼仪。

③玄酒：古时祭礼用于代替酒的清水。

④大羹：不和五味的肉汁。

译文

音，产生于人的内心，乐，是可以通达人事伦理的。因此，禽兽只懂得声而不懂得音；庶民大众只懂得音而不懂得乐。只有君子是能够懂得乐的。因此，从审察声而懂得音，从审察音而懂得乐。从审察乐而懂得政治，这样，治理国家的道理就完备了。不懂何谓声的人，就不能与他讨论音；不懂何谓音的人，就不能与他讨论乐。懂得了乐，就接近于懂得礼了。礼、乐都懂，都有心得，称之为有德。德，就是有得于礼乐。所以，乐的规模盛大隆重，不是为穷极地满足对音乐欣赏；举行食飨之礼，不是为穷极地满足对美味的享受。伴奏《清庙》乐章的瑟，拨着红色的弦，疏通琴底的调音孔，一人领唱，三人应和咏叹，形式简朴但余音袅袅。大飨之礼，将实为清水的玄酒放在上位，俎上摆置放的是未经烹调的生鱼，肉汁里不用盐、菜调和，食物简单却余味无穷。所以，先王制礼作乐，并不是用以穷极口腹耳目等感官的欲望，而是用以教导人民节制欲望、平衡好恶，进而归返人性的正道。

乐者为同，礼者为异。同则相亲，异则相敬。乐胜则流①，礼胜则离。合情饰貌②者，礼乐之事也。礼义立，则贵贱等矣；乐文同，则上下和矣；好恶著，则贤不肖别矣；刑禁暴，爵举贤，则政均矣。仁以爱之，义以正之，如此则民治行矣。

注释

①流：放任失敬，与"庄重"相反。
②合情：调和内在的感情。饰貌：修饰外在的行为仪态。

译文

乐是为了和合情感，礼是为了区别差异。情感和合就能彼此亲近，区别差异就能互相尊敬。乐如果过度就会轻慢不敬，礼如果过度就会疏离失和。调和感情、修饰行为仪态，这是礼和乐的功能。礼仪确立，贵贱等级就分明了；乐曲和谐，上下关系就和睦了。喜好与厌恶明确，贤与不肖就分清了。用刑罚来禁止暴虐，用爵位来选拔贤能，政治就平和清明。以仁来爱护人民，以义来管教人民。这样就能把人民治理好了。

大乐与天地同和，大礼与天地同节。和，故百物不失；节，故祀天祭地。明则有礼乐，幽则有鬼神①，如此则四海之内合敬同爱矣。礼者，殊事合敬者也；乐者，异文合爱者也。礼乐之情同，故明王以相沿也。故事与时并，名与功偕。

注释

①幽：幽冥世界，与人间相对。

译文

大乐与天地一样和合万物，大礼与天地一样节制万物。因为能和合，所以万物不失本性；因为有节制，所以用以祭祀天地。人世间有礼乐教育教化，幽冥中有鬼神佑护扶持，这样，四海之内就能使人民互相尊敬、互相亲爱。礼，以不同的礼节使人彼此敬重；乐，以不同形式的乐曲使人亲近相爱。礼与乐的精神作用是相同的，所以圣明的君王都重视礼乐，世代沿袭，因此，圣王所定礼仪与所处时代相符，所制乐名与所建功业相称。

宫谓之重，商谓之敏，角谓之经，徵谓之迭，羽谓之柳。

大瑟谓之洒。大琴谓之离。大鼓谓之鼖，小者谓之应。

大磬谓之馨。大笙谓之巢，小者谓之和。大篪谓之沂，大埙谓之嘂。

大钟谓之镛，其中谓之剽，小者谓之栈。

大箫谓之言，小者谓之筊。大管谓之簥，其中谓之篞，小者谓之篎。

大籥谓之产，其中谓之仲，小者谓之箹。

徒鼓瑟谓之步，徒吹谓之和，徒歌谓之谣，徒击鼓谓之修，徒鼓磬谓之寋。

所以鼓柷谓之止，所以鼓敔谓之籈。

大鼗谓之麻，小者谓之料。

和乐谓之节。

——《尔雅·释乐》

探究活动

1. 为什么礼乐并称？思考其历史价值及意义。

2. 谈一谈本篇所涉及的礼乐教化之道。

王微·叙画（节选） 宗炳·画山水序（节选）

导 读

　　我国的国画具有悠久的历史，被誉为"国粹"之一，是我国艺术宝库中的璀璨明珠。国画在题材上有人物画、山水画、花鸟画等；在画法上又可分为工笔画和写意画、半工半写等；在颜色效果上分为重彩画、水墨画、白描画等，具有鲜明的民族形式和独特的艺术风格。

　　魏晋南北朝时期，绘画成为独立的艺术门类，出现了以顾恺之为代表的人物画，以宗炳、王微为代表的山水画等一大批代表画家。同时期还出现了专门的绘画论著，如宗炳的《画山水序》、王微的《叙画》等。

　　《画山水序》开山水画论之先河，是就自然山水审美而发的议论。宗炳强调作画要有精神的寄寓，画家或欣赏者要以"澄怀"的超越精神游心于山水之"道"，这样才能以山水之形传山水之神，最后悠游于山水之中，达到"畅神"的目的。对山水画的形象构思和形象表现等问题进行了全面的论述，对后世的山水画创作产生了深远的影响。

　　《叙画》是一部可与宗炳《画山水序》相提并论的早期山水画论，主要阐述山水画原理、功能及各种表现技法，并将山水画视为独立画科。王微强调山水画创作要"心与物应"，体验观察，烂之于心，倾注思想，"以一管之笔拟太虚之体"，充分发挥笔法的作用，以有限的形体生动地表现广阔无垠的宇宙自然。

夫言绘画者，竟求容势而已。且古人之作画也，非以案城域①、辩方州②、标镇阜、划浸流。本乎形者融灵，而动者变心。止灵亡见，故所托不动。目有所极，故所见不周③。于是乎以一管之笔，拟太虚之体；以判躯之状，画寸眸之明。曲以为嵩高，趣以为方丈，以叐之画，齐乎太华。枉之点。表夫隆准。眉额颊辅，若晏笑兮；孤岩郁秀，若吐云兮。横变纵化，故动生焉，前矩后方，而灵出焉。

——王微《叙画》节选

注释

①案：考察。

②方州：指州郡。

③周：周遍。

译文

一般谈论绘画，只不过注重形似而已。而且古人作画，并不是用来考察城廓疆域，指明州郡位置，标注要塞山丘，划分湖泽河流。以形神融合无间的自然山水为本，感动人心而产生自然的灵趣。山水的神趣无所显现，承载它的山水形貌就不会感动人心。人的视野有限，看到的景象不能周遍。于是用一管之笔，去模拟生生不息的宇宙万物。以对自然山水局部景致的描绘，去表现眼睛所看到的广阔景象。用曲折的笔致去表现嵩山的高峻；用灵动有趣的笔致去表现方丈仙山的缥缈；用迅疾的笔致去表现华山的挺拔；用斜侧的点笔去表现突兀的山石。山的形状像人的眉毛、额头、面颊，盈盈含笑。孤岩苍郁秀美，好像在喷吐云雾。笔致纵横变化，因此就能产生画画的神趣；作画前后遵循法度、讲求笔法，山水的神趣就显现出来了。

圣人含道映物，贤者澄怀味象①。至于山水，质有而趣灵。是以轩辕、尧、孔、广成、大隗、许由、孤竹之流②，必有崆峒、具茨、藐姑、箕、首、大蒙之游焉③。又称仁智之乐焉④。夫圣人以神法道，而贤者通；山水以形媚道，而仁者乐。不亦几乎？

——宗炳《画山水序》节选

注释

①澄怀味象：使心思平静，体味事物。

②孤竹：《庄子·让王》中有"昔周之兴，有士二人，处于孤竹，曰伯夷、叔齐"。后遂用孤竹借指伯夷、叔齐。

③崆峒、具茨、藐姑、箕、首、大蒙：神话传说中的神山名。

④仁智之乐：出自《论语·雍也》。子曰："知者乐水，仁者乐山。知者动，仁者静。"

译文

道内含于圣人生命体中而映于物，贤者心怀澄明如镜，就能体味由道所显现的物象。至于说到山水，外有形体而又显现出趣味和灵感。所以轩辕、唐尧、孔子、广成

子、大隗氏、许由、伯夷、叔齐这些圣贤仙道，必定有崆峒、具茨、藐姑、箕山、首阳、大蒙（等名山）的游览活动。这又叫"仁者乐山，智者乐水"。圣人以内在的精神总结发现了道，贤者则澄清怀抱品味这由道所显现之像而通晓道；山水又以其形质之美来体现道，使仁人智者游山水得道而乐之，这中间的道理，难道不是没有差别吗？

夫以应目会心为理者^①，类之成巧，则目亦同应，心亦俱会，应会感神，神超理得。虽复虚求幽岩，何以加焉。又，神本亡端，栖形感类，理入影迹。诚能妙写，亦诚尽焉。

——宗炳《画山水序》节选

注释

①应：感应。会：领会。

译文

通过眼睛去感受、内心也有所悟的规律去作画，形象巧妙地表现物象，那么观画者和作画者在画面上看到的和想到的，也会相同。眼所看到的和内心所悟到的，精神上必有感动。其精神便可超脱物象行迹而获得至理。即使再去游览清幽的真山水，难道还会得到更多的收获吗？山水的神妙本来是虚无缥缈不可捉摸的，但神却寄托于形之中，画理投影于画作行迹之中，如果能巧妙地画出来，也是作画者竭尽所能来展现山水灵趣以及和其相通的道了。

自战国以来，人物画便一直占据着主流地位，具有政治教化的作用和目的。《历代名画记》开篇中便提到了"夫画者，成教化，助人伦"。但人物画中对形的要求局限了作画者的想象力，只有破除形的局限性，作画者才能真正得到精神自由和精神解放。而山川自然恰好能够满足这种精神需求。画中唯有山水义理深远，而意趣无穷。故文人之笔，山水常多。宗炳反复强调画山水不仅仅是表现山水的外形，更需要透过外形领悟其内在之"神"和玄妙之"道"。

宗炳提出的"澄怀味象"是在中国美学史上影响深远的命题。"澄怀"也就是使心胸澄明，即老子的所讲的"致虚极，守静笃"的"虚静之心"。"味"本身就是一种审美的方式，是一种直觉的体验。"象"指宇宙万物，即玄妙之"道"所显之象。宗炳发挥老庄哲学中的"虚静"观念，并将其纳入审美的范畴。澄怀味象，就是在审美活动中审美主体保持虚静、空明之心，心无旁骛地投身于审美客体，精神得到艺术性的自由解放，澄净胸怀而体味山水之像。

探究活动

如何在道家思想的背景下理解《画山水序》的美学意义？

导　读

　　韩愈，字退之，河南河阳（今河南孟州）人，自称"郡望昌黎"，世称"韩昌黎""昌黎先生"。唐贞元八年（792年），韩愈登进士第，两任节度推官，累官监察御史。后因论事而被贬阳山，历都官员外郎、史馆修撰、中书舍人等职。元和十二年（817年），出任宰相裴度的行军司马，参与讨平"淮西之乱"。其后又因谏迎佛骨一事被贬至潮州。晚年官至吏部侍郎，人称"韩吏部"。长庆四年（824年），韩愈病逝，年五十七，追赠礼部尚书，谥号"文"，故称"韩文公"。元丰元年（1078年），追封昌黎伯，并从祀孔庙。

　　《送高闲上人序》是唐代诗人韩愈与高闲上人离别时创作的一篇序。上人，是对僧人的尊称。高闲上人原在湖州开元寺，后入长安诸寺，肄习经律，克精讲贯。唐宣宗重佛法，曾召见他封为御前草圣。这篇序阐明艺术创造是一种需要高度集中精力的精神劳作，它要求人必须把毕生情感和精力都投入其中才能有所收获。文章以"尧、舜、禹、汤治天下""养叔治射""庖丁解牛"等一系列极具说服力的事例来加以分析阐发，使文章的道理论证和事实论证融为一体，体现出作者严谨的构思。

苟可以寓其巧智①，使机应于心②，不挫于气③，则神完而守固④，虽外物至，不胶于心⑤。尧、舜、禹、汤治天下，养叔治射⑥，庖丁治牛⑦，师旷治音声⑧，扁鹊治病⑨，僚之于丸⑩，秋之于弈⑪，伯伦之于酒⑫，乐之终身不厌，奚暇外慕⑬？夫外慕徙业者，皆不造⑭其堂，不哜其胾者也。

注释

①寓其巧智：把巧智寄托于某种事业。

②机应于心：专注于心，随机应变。

③不挫于气：不使志气受到挫折。

④守固：操守坚定。

⑤胶：黏着。

⑥养叔：春秋时楚国善射者，名养由基，字叔。

⑦庖丁：《庄子·养生主》记载的厨师，曾为文惠君解牛。

⑧师旷：春秋晋国乐师，专精音乐。

⑨扁鹊：姓秦，名越人，战国时著名医生，因医术高超，被认为是神医。

⑩僚：姓熊，名宜僚，春秋时楚国人。弄丸：一种两手上下抛接许多弹丸而不使之落地的技艺。

⑪秋：《孟子·告子》所载善弈者。

⑫伯伦：刘伶，字伯伦，晋沛国人。喜饮酒，著《酒德颂》。

⑬奚暇：哪里有空闲。

⑭造：到。

译文

如果能将技巧与智慧运用到某事中去，使心灵随机应变，志气不受挫折，那么就会精神充足，操守坚定。即使有外物干扰，也不会黏附心灵。尧、舜、禹、汤治理天下，养由基苦练射术，庖丁精研解牛，师旷研究音律，扁鹊专注医术，熊宜僚一心弄丸，秋潜心于研究棋艺，刘伶痴迷于酒，他们以此为乐而终身不觉厌倦，哪里还有空闲去喜欢别的东西呢？那些因爱慕他物而改变了原来事业的人，是不可能登上大堂，尝到美味佳肴的。

往时张旭善草书①，不治他伎。喜怒窘穷，忧悲愉佚，怨恨思慕，酣醉无聊不平，有动于心，必于草书焉发之。观于物，见山水崖谷，鸟兽虫鱼，草木之花实，日月列星，风雨水火，雷霆霹雳，歌舞战斗，天地事物之变，可喜可愕，一寓于书②。故旭之书，变动犹鬼神，不可端倪，以此终其身而名后世。

注释

①张旭：字伯高，唐吴郡人，工草书，称为"草圣"。

②寓：寄托。

译文

以前张旭擅长写草书，便不研究其他技艺。喜悦愤怒、窘迫穷困，忧郁悲伤愉快放逸，埋怨仇恨思恋爱慕，畅饮昏醉无聊不平，每有心动，就一定会借助草书抒发出来。观察事物，看到山水崖谷、鸟兽虫鱼、草木花果、日月星辰、风雨水火、雷霆霹雳、歌舞战斗，天地事物的变化，或喜或惊，全都寄托在草书中。所以张旭的书法，灵动如鬼神，难以捉摸，他的书法终身如此，因此扬名后世。

今闲之于草书，有旭之心哉！不得其心而逐其迹，未见其能旭也[1]。为旭有道，利害必明，无遗锱铢[2]，情炎于中[3]，利欲斗进[4]，有得有丧，勃然不释，然后一决于书，而后旭可几也。今闲师浮屠氏[5]，一死生[6]，解外胶。是其为心，必泊然无所起；其于世，必淡然无所嗜。泊与淡相遭；颓堕委靡[7]；溃败不可收拾，则其于书得无象之然乎！然吾闻浮屠人善幻[8]，多技能，闲如通其术，则吾不能知矣。

注释

①能：及、到。

②锱铢：古代重量单位，指数量极少。

③中：内心有热烈的火焰。中：内心。

④利：有利的事。

⑤师：以……为师。

⑥一死生：把生死一同看待。

⑦颓堕委靡：颓废消沉。

⑧善幻：善于幻术，此处含有讽刺之意。

译文

现在高闲在草书方面，有张旭的专注吗？仅学其外在，未得到其精神，看不出他能达到张旭的水平。学习张旭要有道理，是非善恶要分明，不要遗漏任何细枝末节，热烈的情感要发于内心，公利和私情不断展开斗争，有得到有丧失，情绪高涨，不能忘怀，然后全都表现在草书中，之后才可以和张旭接近。现在高闲拜僧人为师，把生死同等看待，一切外在的客观事物都不黏附于心。他的内心必定淡然无波澜；他对于外部世界，必定淡然到没有什么可爱好的。内心的泊然与对外物的淡然合在一起，精神颓唐委靡，溃败不可收拾；其表现于书法，那么对于草书能学得和张旭一样的境界吗？但我曾听说佛家善于应变，多有技能，高闲如果也会这些法术，那就不是我能了解的了。

知识链接

　　古人论书以势为先。中郎曰"九势"，卫恒曰"书势"，羲之曰"笔势"，盖书，形学也，有形则有势。兵家重形势，拳法亦重扑势，义固相同。得势便则已操胜算。右军《笔势论》曰："一正脚手，二得形势，三加遒润，四兼拗拔。"张怀瓘曰："作书必先识势，则务迟涩。迟涩分矣，求无拘系。拘系亡矣，求诸变态。变态之旨，在乎奋斫。奋斫之理，资于异状。异状之变，无溺荒僻。荒僻去矣，务于神采。"善乎轮扁之言曰："得于心而应于手。"庖丁之言曰："以神遇，不以目视，官虽止而神自行。"新理异态，变出无穷。如是则血浓骨老，筋藏肉莹。

——康有为《广艺舟双楫》

探究活动

　　"势"字在汉字中是一个内涵相当丰富的词，如权势、力量、威力、自然界或物体的形貌等。书法中的"势"则是可见可感的，我们可以由静态的书法字迹看到其中蕴含的动感。临摹名家字帖，体会书法的"形"与"势"。

第十二章

明礼诚信 修身自省

本章引言

　　中国自古以来就是"礼仪之邦""文明古国"。中国传统文化中的"礼"不仅仅简单表述为"礼节"，而是具备了法的功能，成为社会中的礼仪制度和规范。通过"礼"来调整人与人、人与社会、人与自然的关系，进而达到和谐有序的状态。

　　学礼、知礼、明礼是古人修身的重要内容。子曰："不学礼，无以立。"古人以礼立身于世、涵养品德修养。古人修身是内外兼修，常常通过反省内求和见贤思齐等途径实践。这种对高尚德行和理想人格的追求，贯穿了古人的一生。

学习目标

知识目标：

1. 学习古人修身养性的理念和方法。
2. 了解中国古代家训的特点和内容。

能力目标：

通过对古人修身智慧的学习，知行合一，进而提升自己解决实际生活问题的能力。

素养目标：

学习古代先贤对自我人格的锻造和修养，树立高远志向，涵养理想人格。

思维导图

明礼诚信　修身自省

- 菜根谭（节选）
- 增广贤文（节选）
- 颜氏家训、朱子家训（节选）

菜根谭（节选）

菜根谈

洪應明著　常州天甯寺沙門清鎔重校

修省

欲做精金美玉的人品定從烈火中鍛來，思立掀天揭地的事功須向薄冰上履過。

一念錯便覺百行皆非，防之當如渡海浮囊勿容一針之罅漏；萬善全始得一生無愧，修之當如凌雲寶樹須假眾木以撐持。

忙處事為常向閒中先檢點，過舉自稀；動時念想預從靜裡密操持，非心自息。

导读

《菜根谭》是明代洪应明收集编著的一部论述修养、人生、处世的语录体小品集，本书内容丰富，言近旨远，趣味盎然，富有哲理，文字简练明隽，"似语录，而有语录所没有的趣味；似随笔，而有随笔所不易及的整饬；似训诫，而有训诫所缺乏的亲切醒豁；且有雨余山色，夜静钟声点染其间，其所言清霏有味，风月无边。"

《菜根谭》与《围炉夜话》《小窗幽记》并称为"处世三大奇书"。《菜根谭》内容共分为五部分："修省""应酬""评议""闲适""概论"。古人评论本书："其间有持身语，有涉世语，有隐逸语，有显达语，有迁善语，有介节语，有仁语，有义语，有禅语，有趣语，有学道语，有见道语。词约意明，文简理诣。设能熟习沉玩而励行之，其于语默动静之间，穷通得失之际，可以补过，可以进德，且近于律，亦近于道矣。"

菜根本来是常人所丢弃之物，但是作者以"菜根"为名，著《菜根谭》一书，把菜味比作世味，认为"咬得菜根则百事可为"，主张"性定菜根香""原培其根，其味乃原"。其意非心定者不能知菜根之香，非诚意者不能识菜根之妙处。若没有世事风雨的经历，褪去浮躁之心，则不能了解到作者写菜根之精髓。读懂一部《菜根谭》，体味人生的百种滋味，就能做到"风斜雨急处，立得脚定。花浓柳艳处，着得眼高。路危径险处，回得头早"。

欲做精金美玉的人品，定从烈火中煅来；思立掀天揭地的事功，须向薄冰上履过①。

注释

①履：走过。典见《诗经·小雅·小旻》：战战兢兢，如临深渊，如履薄冰。

译文

要想成就纯金美玉一般的人格品行，就必须经历烈火煅烧般的磨砺；要想建立轰轰烈烈的奇功伟业，就必须经历艰难险峻的考验。

无事便思有闲杂念想否，有事便思有粗浮意气否，得意便思有骄矜①辞色否，失意便思有怨望情怀否。时时检点，到得从多入少、从有入无处，才是学问的真消息②。

注释

①骄矜（jīn）：骄傲自大。

②消息：机关上的枢纽，引申为关键。

译文

空闲的时候要检讨自己有没有纷乱的欲望，忙碌的时候要检查自己有没有粗野浮躁的表现，顺利的时候要反省自己有没有傲慢骄横的态度，失意的时候要审视自己有没有一味怨天尤人。经常这样自我检点，才能使自己的缺点和不足越来越少、从有到无，这才是人生学问的真正关键所在。

得意处论地谈天，俱是水底捞月①；拂意时吞冰啮雪②，才为火内栽莲③。

注释

①水底捞月：比喻虚幻。

②吞冰啮雪：《汉书·苏武传》记载，苏武出使匈奴，匈奴利诱威逼苏武投降，被苏武严正拒绝。后苏武被流放到大漠绝域放羊，条件异常艰苦，没有食物饮水，苏武就吃冰雪充饥止渴。

③火内栽莲：比喻稀有、可贵。

译文

人生得意之时就谈天论地、自命不凡的人，终究免不了虚幻一场；处于逆境，吞冰饮雪，虽失意而不沮丧，顽强不屈，这种品质才真正可贵。

天地景物，如山间之空翠，水上之涟漪①，潭中之云影，草际之烟光，月下之花容，风中之柳态，若有若无，半真半幻，最足以悦人心目而豁②人性灵。真天地间一妙境也。

注释

①涟漪：水中的波纹。

②豁：开通，启发。

译文

　　天地间的景物，如山间的碧空和苍翠的草木，水面荡漾的波纹，水潭波心的云影，草叶上蒸腾的山岚，月光下花朵的娇容，轻风中柳丝的摇曳，介于有无、真幻之间，不但令人赏心悦目，还有助于颐养性灵。真是世间的美妙境地啊！

　　疾风怒雨，禽鸟戚戚①；霁月光风②，草木欣欣③。可见天地不可一日无和气，人心不可一日无喜神。

注释

　　①戚戚：忧愁的样子。

　　②霁月光风：霁，雨后或雪后转晴。雨过天晴后的明月，天朗气清时的和风，后比喻人胸襟坦荡，光明磊落。

　　③欣欣：草木茂盛的样子。

译文

　　在狂风暴雨中，飞禽走兽也会感到忧伤而惶惶不安；风和月朗，花草树木则一派欣欣向荣，生机盎然。从这些自然现象中可看到，天地间不可一天没有祥和安宁之气，人不能一天没有愉快喜悦的心情。

　　读书不见圣贤，如铅椠佣①；居官不爱子民，如衣冠盗；讲学不尚躬行②，如口头禅③；立业不思种德，如眼前花。

注释

　　①铅椠（qiàn）佣：古代的抄书工。比喻书本的奴仆。

　　②躬行：亲自实践。

　　③口头禅：指不能领会禅理，只是袭用禅宗和尚的常用语作为谈话的点缀。

译文

　　读书若不洞察古代圣贤的思想精髓，就像抄书工知其字不知其意；当官若不爱护黎民百姓，就像穿官服戴官帽的强盗；只讲学问却不身体力行者，就像一个只会口头念经却不通佛理的和尚；追求功业却不修德，事业就会像鲜花一样转眼凋谢。

　　春至时和，花尚铺一段好色，鸟且啭几句好音①。士君子幸列头角②，复遇温饱，不思立好言，行好事，虽是在世百年，恰似未生一日。

注释

　　①啭：鸟儿婉转地鸣叫。

　　②列头角：指出人头地。头角：比喻有气概或才华。

译文

春天来临时，风和日丽，花儿尚且铺展出一片五彩缤纷的色彩，鸟儿尚且发出婉转动听的鸣叫。一个读书人如果很幸运，能通过努力出人头地，又能过上丰衣足食的生活，但却不思考为后世写下不朽的篇章，为世间多做几件善事，即使能活到百岁，也宛如没在世上活过一天一样。

天地有万古，此身不再得；人生只百年，此日最易过。幸生其间者，不可不知有生之乐，亦不可不怀虚生之忧。

译文

天地能够万古长存，可是人的生命却不可再次获得；人的一生再长也只有百年光景，是很容易就消逝的。有幸生活在世界上，不能不知道拥有生命的乐趣，也不能不提醒自己切勿虚度时光。

知识链接

晚明小品文是一种篇幅短小、独抒性灵的散文，其体裁宽广，手法自由多样，风格随意变化，讲究谐趣风韵。晚明小品文代表了晚明散文所具有的时代特色，用体制短小，轻俊灵巧，真情流露的"小文小说"，以区别于以往庄重古板的高文大册，题材上则不拘一格，尺牍、游记、传记、铭、赞等文体都可以适用。

"小品"一词本只是佛经的节本，"小品"是相对于"大品"而言的，是篇幅上的区分，不是题材或者体裁的区分，"小品"一词后来运用到文学领域，同样也没有严格的明确的定义，凡是短篇杂记一类的文章，均可以称之为小品文。题材的包容和体裁的自由，是小品文的主要特点。代表作品有《菜根谭》《陶庵梦忆》等。

探究活动

研读《菜根谭》，从中领悟正心修身、养育德性的智慧。

増广贤文
（节选）

导　读

　　《增广贤文》又称《昔时贤文》《古今贤文》。由于《增广贤文》并非一次成书，而是有一个不断增补的过程，其具体作者与成书年代已很难考证。书名最早见之于明万历年间的戏曲《牡丹亭》，据此可推知其书完成时间应不晚于万历年间。清代同治年间周希陶"课读之余，集古今名言正论"，对《增广贤文》加以修订，并刊行了《重订增广》一书。目前《增广贤文》的众多版本中，以通行本《增广贤文》、民国版《增广贤文》以及周希陶的《重订增广》流传最广。

　　《增广贤文》通行本只有3800字左右。全书以韵文的形式，将格言排列在一起，三言、四言、五言、六言、七言互相交错，灵活多变，读起来抑扬顿挫，朗朗上口，突破了传统蒙学读物一种句式贯穿始终的基本格式，使语句更接近于口语，更易于为人们接受。

　　《增广贤文》容纳了十分丰富而多元的思想。从礼仪道德、典章制度到风物典故、天文地理，几乎无所不含，语句通俗易懂。其中一些谚语、俗语反映了中华民族千百年来形成的勤劳朴实、吃苦耐劳的优良传统，成为宝贵的精神财富，如"一年之计在于春，一日之计在于晨"；许多关于社会、人生方面的内容，经过人世沧桑的千锤百炼，成为警世喻人的格言，如"良药苦口利于病，忠言逆耳利于行""乐不可极，乐极生悲"等；一些谚语、俗语总结了千百年来人们同自然斗争的经验，成为简明生动哲理式的科学知识，如"近水知鱼性，近山识鸟音""近水楼台先得月，向阳花木早逢春"等。

昔时贤文①，诲汝谆谆②。集韵增广③，多见多闻。观今宜鉴古，无古不成今。

注释

①贤文：圣贤的言论。

②诲：教诲，教导。谆（zhūn）谆：耐心引导，恳切教诲的样子。

③韵：韵文；合辙押韵的文字。增广：增加拓宽广度；增加见闻。

译文

用以前圣贤们的言论，来谆谆教诲你。广泛搜集押韵的文字汇编成书，使你见多识广。今天的行为应该借鉴古人的经验教训，因为今天是古代的延续。

一年之计①在于春，一日之计在于寅。一家之计在于和，一生之计在于勤。

注释

①计：计划，规划。

译文

一年的计划应在春天里做好，一天的计划应在黎明时分做好。一个家庭最宝贵的是和睦，一个人一生要有所成就必须勤劳。

有田不耕仓廪①虚，有书不读子孙愚。仓廪虚兮②岁月乏，子孙愚兮礼义疏③。同君一夜话，胜读十年书。人不通古今，马牛如襟裾④。

注释

①仓廪：贮藏米谷的仓库。

②乏：缺乏保障。

③疏：不熟悉，生疏。

④马牛如襟裾：骂人的话，谓禽兽而穿着人的衣服。

译文

有田地却不去耕种，粮仓必定空虚；有书籍却不去阅读，子孙必定愚笨。粮仓空虚生活就没有保障，子孙愚笨就会不讲礼义。同你畅谈一次话，收益胜过读十年书。一个人如果不能博古通今，就同牛马穿上衣服没有什么区别。

结交须胜己，似我不如无。但①看三五日，相见不如初。人情似水分高下，世事如云任卷舒。

注释

①但：只，只要。

176

译文

交朋友须找学识本领胜过自己的人，与自己水平差不多的人交朋友就和没有一样。亲朋好友只要在一起几天，感觉就不如刚见面时那么好了。人的情义像水一样有高下之分，世事如同浮云一样变幻莫测。

但有绿杨堪系马，处处有路透长安。既堕釜甑①，反顾②何益。翻覆③之水，收之实难。

注释

①堕：摔落。釜甑（fǔzèng）：古代炊煮器名。

②反顾：回头看。

③覆：倾倒。

译文

只要有杨树就可以拴马，到处都有路可通往长安。瓦罐已经掉在地上打碎了，再回头看还有什么意义呢？已经泼在地上的水，再想收起来实在太难了。

见者易，学者难。莫将容易得，便作等闲①看。用心计较般般错，退步思量事事宽。

注释

①等闲：平常，平凡。

译文

在旁边看别人做觉得很容易，一旦真正学起来就会感觉很难。不要把轻易得到的东西，看得很平常而不知珍惜。过于用心计较反而时时出错，退一步考虑事情就会很容易处理。

> **知识链接**
>
> "蒙者，蒙也，物之稚也"，古人把幼童称为"童蒙"。开蒙，旧时指儿童入书塾接受启蒙教育，泛指开始教儿童识字学习。蒙学教育的基本目标是培养儿童认字和书写的能力，养成良好的日常生活习惯，能够具备基本的道德伦理规范，并且掌握一些基本的文化常识及日常生活的一些常识。
>
> 中国传统蒙学教材主要有《三字经》《百家姓》《千字文》《幼学琼林》等。"凡人有记性，有悟性。自十五以前，物欲未染，知识未开，多记性，少悟性。十五后，知识既开，物欲渐染，则多悟性，少记性。故凡所当读书，皆当自十五前使之熟读。不但四书五经，即如天文、地理、史学、算学之类，皆有歌诀，皆须熟读。若年稍长，不惟不肯读，且不能读矣。"
>
> （《陆桴亭论小学》）

探究活动

《增广贤文》能够在民间广为流传的原因是什么？请谈一谈你的认识。

四部丛刊子部

颜氏家训

导 读

《颜氏家训》是南北朝时期颜之推创作的家训，享有"古今家训，以此为祖"的美誉。共有七卷，二十篇。《颜氏家训》是颜之推用儒家思想教训子孙，写出的一部系统完整的家庭教育教科书。这是他一生关于士大夫立身、治家、处事、为学的经验总结。后世称此书为"家教规范"。分别是序致第一、教子第二、兄弟第三、后娶第四、治家第五、风操第六、慕贤第七、勉学第八、文章第九、名实第十、涉务第十一、省事第十二、止足第十三、诫兵第十四、养心第十五、归心第十六、书证第十七、音辞第十八、杂艺第十九、终制第二十。

《朱子家训》又名《治家格言》，是朱柏庐所著的以家庭道德为主的启蒙教材。《朱子家训》仅524字，文字通俗易懂，内容简明赅备，对仗工整，精辟地阐明了修身治家之道，是教子治家的经典家训。《朱子家训》以"修身""齐家"为宗旨，集儒家做人处世方法之大成，含义博大精深，继承了中国传统文化的优秀思想。

朱柏庐，原名朱用纯，字致一，自号柏庐，明末清初江苏昆山县人。著名理学家、教育家。朱柏庐自幼致力读书，曾考取秀才，志于仕途。明亡后遂不再求取功名，居乡教授学生并潜心程朱理学主张，知行并进，颇负盛名。

颜氏家训（节选）

【慕贤第七】

古人云："千载一圣，犹旦暮也；五百年一贤，犹比髆[①]也。"言圣贤之难得，疏阔如此。傥遭不世明达君子[②]，安可不攀附景仰之乎？吾生于乱世，长于戎马，流离播越，闻见已多。所值名贤，未尝不心醉魂迷[③]向慕之也。人在年少，神情未定，所与款狎，熏渍陶染[④]，言笑举动，无心于学，潜移暗化，自然似之。何况操履艺能[⑤]，较明易习者也？是以与善人居，如入芝兰[⑥]之室，久而自芳也。与恶人居，如入鲍鱼之肆，久而自臭也。墨子[⑦]悲于染丝，是之谓矣。君子必慎交游焉。孔子曰："无友不如己者。"颜、闵[⑧]之徒，何可世得！但优于我，便足贵[⑨]之。

注释

①比髆（bó）：肩膀挨着肩膀，言其多。比：紧靠。髆：肩胛。

②傥：同"倘"。不世：世上所少有。

③心醉魂迷：形容仰慕之深。

④熏渍陶染：熏炙、渐渍、陶冶、濡染。

⑤操履：操守德行。艺能：技艺才能。

⑥芝兰：本应作"芷兰"，"芝"是借用字，"芷"和"兰"都是有香味的草本植物。

⑦墨子：春秋战国之际思想家、政治家，墨家的创始人。

⑧颜、闵：指颜回和闵损。他们都是孔子学生中的杰出人物。

⑨贵：崇尚，敬重。

译文

古人说："一千年出一位圣人，已经近得像从早到晚那么快了；五百年出一位贤人，已经密得像肩碰肩一样了。"这是说圣人贤人稀少难得，已经到这种地步了。假如遇上世间所少有的明达君子，怎能不攀附景仰呢？我出生在乱世，在兵荒马乱中长大，颠沛流离，所见所闻已经很多。遇上名流贤士，总是心醉魂迷地向往仰慕人家。人在年轻时候，精神性情都还没有定型，和那些情投意合的朋友朝夕相处，受到他们的熏渍陶染，人家的一言一笑，一举一动，虽然没有存心去学，但是潜移默化之中，自然跟他们相似。何况操守德行和本领技能都是比较容易学到的东西呢？因此，与善人相处，就像进入满是芝草兰花的屋子中一样，时间一长自己也变得芬芳起来；与恶人相处，就像进入满是鲍鱼的店铺一样，时间一长自己也变得腥臭起来。墨子因看见人们染丝而感叹，说的也就是这个意思。君子与人交往一定要慎重。孔子说："不要和不如自己的人交朋友。"像颜回、闵损那样的贤人，我们一生都难遇到！只要比我强的人，也就足以让我敬重了。

【勉学第八】

自古明王圣帝，犹须勤学，况凡庶乎！此事遍于经史，吾亦不能郑重①，聊举近世切要，以启寤②汝耳。士大夫子弟，数岁已上，莫不被教，多者或至《礼》《传》，少者不失《诗》《论》③。及至冠婚④，体性稍定；因此天机，倍须训诱。有志尚者，遂能磨砺，以就素业⑤，无履立者，自兹堕⑥慢，便为凡人。人生在世，会当有业：农民则计量耕稼，商贾则讨论货贿，工巧则致精器用，伎艺则沉思法术，武夫则惯习弓马，文士则讲议经书。多见士大夫耻涉农商，羞务工伎，射则不能穿札，笔则才记姓名，饱食醉酒，忽忽无事，以此销日，以此终年。或因家世余绪，得一阶半级，便自为足，全忘修学；及有吉凶大事，议论得失，蒙然张口，如坐云雾；公私宴集，谈古赋诗，塞默低头，欠伸而已。有识旁观，代其入地。何惜数年勤学，长受一生愧辱哉！

注释

①郑重：这里是频繁的意思。

②寤（wù）：通"悟"。

③《礼》：指《礼记》。《传》：指《左传》。《论》：指《论语》。

④冠婚：旧时男子二十岁行加冠之礼，称冠礼，表示已成年。

⑤素业：清素之业，即士族所从事的儒业。

⑥堕：通"惰"。

译文

从古至今的那些圣明帝王，他们都必须勤奋学习，何况一个普通百姓呢！这类事在经书史书中随处可见，我也不想再多举例，姑且举近世紧要的事说说，以启发开导你们。现在士大夫的子弟，长到几岁以后，没有不受教育的，那学得多的，已学了《礼经》《春秋三传》。那学得少的，也学完了《诗经》《论语》。待到他们成年，体质性情逐渐成形，趁这个时候，就要加倍地对他们进行训育诱导。他们中间那些有志气的，就可以经受磨炼，以成就其清白正大的事业，而那些没有操守的，从此懒散起来，就成了平庸的人。人生在世，应该从事一定的工作：当农民的就要计划耕田种地，当商贩的就要商谈买卖交易，当工匠的就要精心制作各种用品，当艺人的就要深入研习各种技艺，当武士的就要熟悉骑马射箭，当文人的就要讲谈讨论儒家经书。我见到许多士大夫耻于从事农业商业，又缺乏手工技艺方面的本事，让他射箭连一层铠甲也射不穿，让他动笔仅仅能写出自己的名字，整天酒足饭饱，无所事事，以此消磨时光，以此了结一生。还有的人因祖上的荫庇，得到一官半职，便自我满足，完全忘记了学习的事，碰上有吉凶大事，议论起得失来，就张口结舌，茫然无知，如坠云雾中一般；在各种公私宴会的场合，别人谈古论今，赋诗明志，他却像塞住了嘴一般，低着头不吭声，只有打哈欠的份儿。有见识的旁观者，都替他害臊，恨不能钻到地下去。这些人又何必吝惜几年的勤学，而去长受一生的愧辱呢！

《朱子家训》(节选)

黎明即起，洒扫庭除，要内外整洁。既昏便息，关锁门户，必亲自检点^①。一粥一饭，当思来处不易。半丝半粒，恒念物力维艰。宜未雨而绸缪，毋临渴而掘井。自奉^②必须俭约，燕客切勿留连。器具质而洁，瓦缶胜金玉。饮食约而精，园蔬愈珍羞。

 注释

①检点：检查，查点。

②自奉：自己日常生活的供给。奉：供给，供养。

译文

每天早晨黎明就要起床，先用水来洒湿庭堂内外的地面然后扫地，使庭堂内外整洁。到了黄昏便要休息并亲自查看一下要关锁的门户。对于一顿粥或一顿饭，我们应当想着来之不易。对于衣服的半根丝或半条线，我们也要常念着这些物资的产生是很艰难的。凡事先要准备，像没到下雨的时候，要先把房子修补完善，不要到了口渴的时候，才来掘井。自己生活上必须节约，宴请客人时也不要铺张浪费。餐具质朴而干净，虽是用泥土做的瓦器，也比金玉制的好。食品节约而精美，虽是园里种的蔬菜，也胜于山珍海味。

> 知识链接
>
> 家训是指家庭对子孙立身处世、持家治业的教诲。家训是家庭的重要组成部分，对个人的教养、原则都有着重要的约束作用。家训或单独刊印，或附于宗谱。除家训之外，其他名称还有：家诫、家诲、家约、家规、家教。
>
> 家训在中国形成已久，是中国传统文化的一部分，对个人、家庭乃至整个社会都有良好的作用。在我国古代，作为一种家庭教育的形式，它是维系和发展一个家庭不可或缺的精神纽带。

探究活动

谈一谈建设家风家训的现实意义。